_____ 님께

_____

_____

새말귀

안내서

◇ 당신은 언제나 옳습니다. 그대의 삶을 응원합니다. _라의눈출판그룹

새말귀 안내서

초판 1쇄 2019년 1월 2일
    3쇄 2023년 8월 21일

지은이 안경애
펴낸이 설응도   편집주간 안은주
영업책임 민경업   디자인책임 조은교

펴낸곳 라의눈

출판등록 2014년 1월 13일(제2019-000228호)
주소 서울시 강남구 테헤란로78길 14-12(대치동) 동영빌딩 4층
전화 02-466-1283   팩스 02-466-1301

문의(e-mail)
편집 editor@eyeofra.co.kr
마케팅 marketing@eyeofra.co.kr
경영지원 management@eyeofra.co.kr

ISBN : 979-11-86194-02-7   03220

아침단청은 라의눈(주)의 출판브랜드입니다.

새말귀

안내서

백봉 김기추 거사의 새로운 마음공부법

안경애 지음

생활과
수행이
하나로

아침단청

머리말

1976년 따뜻한 5월 봄날, 백봉선생님을 모시고 산책하고 있었습니다.

"선생님, 바쁘게 살아가는 보통 사람들이 일상생활을 하면서 수행할 수 있도록 새로운 수행 방법을 제시해 주십시오."라고 말씀드렸습니다. 그 당시에는 대부분 간화선으로 수행하고 있었는데, 생활하면서 순일하게 화두를 드는 것이 어렵다고 생각하고 있었기 때문이었습니다.

사흘 후, 백봉선생님이 원고를 보여주시며 말했습니다.
"일심행, 읽어 보아라."

'새말귀'가 세상에 처음 나온 순간이었습니다.

원고를 읽고 난 후, "일반 사람들에게 새말귀가 너무 어렵지 않을까요?" 하고 말씀드렸습니다.

백봉선생님은 웃으면서 말했습니다.

"지금은 아직 때가 아니다. 내가 돌아간 50년 후 꽃을 피울 것이다."

그리고 80년 초에 다른 도반에게는 이렇게 말했습니다.

"영상통화가 가능할 때 새말귀가 꽃을 피울 것이다."

그때는 영상통화가 무엇인지 알 수 없었습니다. 1985년 백봉선생님이 돌아가시고 30여 년 후인 지금은 어린아이들도 자연스럽게 영상통화를 하고 있습니다.

우리는 수행이 어떤 특별한 사람이나 특별한 장소, 특별하게 행동하는 것이라는 고정관념을 많이 가지고 있습니다. 그러나 수행은 사실을 사실대로 밝혀서 사실대로 행하는 것입니다. 진짜 나를 되밝히는 것은 우리 모두의 권리이며 의무입니다.

백봉선생님은 24시간 수행할 수 있는 출가 수행자와는 달리, 가정과 사회를 가꾸면서 바쁘게 살아가는 일반 사람들도 올바른 방편으로 수행하면 깨달을 수 있다는 '거사풍'과 밥 먹고 일하고 사는 것이 바로 수행이 되는 새로운 수행 방법인 '새말귀'를 주창하였습니다.

백봉선생님은 "과학과 의학의 발달로 생체와 인공기관을 이식하는 것이 일반적인 일이 되었으므로 몸뚱이가 무정물임을 알 수 있고, 지구가 허공중에 둥둥 떠 있다는 것을 초등학생도 알 수 있으므로 가도 가도 끝없는 허공에 대해 생각해 볼 수 있다. 옛날 어른들은 크게 깨달아야 알 수 있는 사실을 지금은 상식적으로 알 수 있는 시대이다. 그러므로 우리들은 이 사실을 기반으로 바로 여기에서 출발하자는 것이다. 그래서 새로운 공부 방법이 필요하다"라고 하였습니다.

새말귀는 설법을 통하여 공부의 윤곽과 바탕을 마련하고, '내가 부처'임을 인정하고 믿어서 '부처행'을 하는 '새화두'입니다. 가정을 가꾸고 사회를 이끌어가는 일상생활이 바로 수행입니다. 밥 먹고, 일하고, 아이 키우고, 공부하고, 운전하고, 성내고, 욕심내고, 좋아하고, 싫어하는 모든 것이 수행이 됩니다. 새말귀는 '모습을 잘 굴리자' '바탕을 나투자'라는 말귀로 깨닫기 전이나 깨달은 후에도 한결같이 수행할 수 있으며, 수행의 지름길입니다.
백봉선생님은 먼저 공부의 윤곽과 바탕을 마련하여 수행의 방향을 바로잡고 그것을 실질적으로 파악한 후 새말귀를 가지라고 당부했습니다.

이 책은 '새말귀'를 잘 굴리기 위한 안내서입니다.
먼저 공부의 윤곽과 바탕을 마련하기 위하여 첫째마디는 절대성과 상대성, 일체만법 허공성에 대해 백봉선생님의 법문을 인용하고 설명하였습니다. 그리고 둘째마디는 부처님의 삼법인을 생활 속에서 직접 실천할 수 있도록 만든 '모습공식'으로 그 이치를 생활속에서 실제로 적용하고 연습함으로써 연기와 공성의 이치, 즉 공리를 실질적으로 파악할 수 있도록 하였습니다. 모습공식이 익어지면 '바탕공식'으로 전체성에 앉아 새말귀의 '모습을 잘 굴리자, 바탕을 나투자'를 굴릴 수 있도록 하였습니다. 셋째마디는 새말귀에 대해 백봉 선생님의 법문을 인용하고 설명하였습니다.

특히 젊은이들이 부처님의 가르침을 이해하고 새말귀를 잘 굴릴 수 있도록, 이해하기 쉬운 일상의 비유와 언어를 사용하고 문답 형식으로 편집하였습니다. 독자들이 스스로 대화의 주체가 되어 참여한다면 더욱 내용을 잘 이해하면서 즐겁게 읽을 수 있을 것입니다.

백봉선생님의 유지를 받들어 '새말귀'를 널리 알리기 위해서 큰 용기를 내어『새말귀 안내서』를 출간하게 되었습니다. 저의 짧은 소견이 스승의 '새말귀'에 누가 되지 않을까 염려됩니다. 모든 불찰은 저에게 있습니다.
지금 이 순간에도 자신의 등불을 밝히기 위해 정진하고 계시는 눈 밝은 분들의 지도 편달 바랍니다.

『새말귀 안내서』가 세상에 나올 수 있도록 물심양면으로 애써 주신 보림선원 서울선원의 모든 도반님들, 그리고 라의눈 출판 사와 안은주 선생님께 감사드립니다.

부처님의 정법을 수호하고 새로운 수행 방법인 새말귀가 널리 전법되어, 모든 이들이 참면목을 하루 속히 되밝히고, 자유로운 삶의 주인으로서 모든 생명들과 더불어 건강하고 따뜻하고 행복 한 세상을 이루어 갈 수 있도록 서원합니다.
백만 자성등을 밝힙시다!

2018년 12월
一心行 안경애 합장

둘째 마디

 셋째 마디

첫째 마디

1. 수행이란 무엇인가?

수행이란 무엇인가요?

— 저는 수행을 해 보고 싶습니다만, 해 본 적이 없어서 어떻게
해야 할지 잘 모르겠습니다.

안 그런데 왜 수행하려고 하나요?

— 수행을 하면 마음이 편안해지고 자유로워질 것 같아서요.

안 우리 모두는 행복하고 자유롭게 살아가기를 원합니다. 그런
데 우리의 그런 바람에도 불구하고 많은 사람들이 그러하지
못한 듯합니다.

— 네, 저 또한 그렇습니다.

안 수행하려는 이유는 사람마다 다를 수 있습니다. 이 책을 읽고 있는 분들도 잠시 멈추고 '내가 왜 수행하려 하는가?' 생각해 보세요. 질문에 바로 대답할 수 있는 분들도 있겠지만 그렇지 않은 분들도 있을 것입니다.

'그 질문이 스스로 대답할 때까지' 내 생각을 만들어서 대답하지 않고 수행하면서 기다려 보세요. 그러면 분명하게 다가올 때가 있을 것입니다.

— '왜 수행하려 하는가?'가 그렇게 중요한가요?

안 그렇습니다. 수행하려고 하는 이유가 크고, 분명하고, 간절할수록 '그 이유'가 수행을 이끌어가기 때문입니다. 그것은 수행의 목표이면서 동시에 목적입니다.

안 그렇다면 수행이란 무엇일까요?

— 글쎄요. 생각해 보지 않았습니다.

안 수행이란 '나는 어디서 왔다가 어디로 가는가? 이 세상은 어디서 왔다가 어디로 가는가?'에 대해 사실대로 알아서 사실 그대로 일상생활에서 실천하는 것입니다.

— 네? 수행이란 특별한 장소에서 특별한 방법으로 하는 게 아닙니까?

안 이 점을 잘못 알고 있는 분들이 참으로 많습니다. 세상 사람들 중에 '나' 아닌 사람이 있는가요?
― 모두 '나'입니다.

안 세상에 살고 있지 않은 사람들이 있던가요?
― 우리 모두 세상에 살고 있습니다.

안 그러니 모두가 일상생활 속에서 수행할 수 있고, 사는 것이 곧 수행입니다. 수행이 어떤 특별한 것이라는 생각부터 내려놓아야 합니다.

나에게로 다가가기

안 사람들은 깨달음과 행복, 자유를 얻으려 하고, 괴로움과 고통은 버리려고 합니다. 깨달음, 행복, 자유를 얻으려는 것은 누구인가요?
― 그야 물론 나입니다.

안 그렇다면 괴로움과 고통을 버리려고 하는 것은 누구인가요?
― 그것도 나입니다.

안　행복해도 내가 행복한 것이고, 자유로워도 내가 자유로운
　　것이고, 괴로워도 내가 괴롭지 않습니까? 만약 행복과 괴로
　　움 속에 있어도 내가 없으면 무슨 상관이 있겠습니까?
—　아, 그렇군요.

지렁이 이야기

비 온 뒤에 지렁이가 흙 위로 나왔습니다.
"지렁이를 보려면 어떻게 해야 할까요?"
아무도 선뜻 답하지 못합니다.
그때 초등학교 2학년 규원이가 대답합니다.
"고개를 숙이고 보아야 합니다."
"지렁이를 더 자세히 보려면 어떻게 해야 할까요?"
"가까이 다가가서 자세히 보면 됩니다."
모두의 얼굴에 웃음꽃이 피었습니다.

안　그런데 우리는 그것들을 찾으려 하고 버리려고 하는 '나'에
　　게는 관심이 없고, 내용물에만 관심이 있습니다. 깨달음과
　　행복과 자유를 얻으려고 하기 전에, 괴로움과 고통을 버리
　　려고 하기 전에, 먼저 나에게 가까이 다가가서 자세히 관찰
　　해 봐야 되지 않겠습니까?
—　네, 그럴 것 같습니다.

안 우리는 항상 '내가 있다'라고 전제하고 있습니다. 모든 것을
'내가 있는 것'에서 시작한다는 사실을 자각하기도 어렵습니
다. 아마 '내가 있는가?' 하고 물어 본 적도 거의 없을 것입
니다.

— 저도 그렇습니다. 원래 내가 있는 것 아닙니까?

안 우리 함께 스스로 질문하고 생각해 봅시다.
내가 있다
내가 있는가?
무엇을 나라고 하는가?
그것이 진짜 나인가?
그것을 자세히 관찰해 보자.
나라고 하는 몸과 마음을 자세히 관찰해 봐야 되지 않겠습
니까?

— 나에게 질문하고, 스스로를 관찰해 보라고 하니 놀랍습니다.

안 얻기 위하여, 버리기 위하여 밖으로 내달리던 방향을 나에게로
되돌려야 합니다. 그리고 이런 질문도 해 봐야 할 것입니다.
세상이 있다
세상이 있는가?
무엇을 세상이라고 하는가?
그것이 진짜 세상인가?

그것을 자세히 관찰해 보자.

— 나와 세상에 대해 질문하고 관찰해 보아야 하는 거군요.

안 우리 모두가 당연히 그렇다고 알고 생각하고 있는 것에 대
해, 스스로 근본적인 질문을 해 봄으로써, 뒤바뀐 생각을 바
로 잡을 수 있는 문이 열립니다.

뒤바뀐 생각을 바로잡는 것이 수행이고, 분별 망상을 가라
앉히는 것이 수행입니다. 또한 진짜 나를 찾는 것이 수행이
고, 인생 문제와 생사 문제를 해결하는 것이 수행입니다.

— 그런데 수행은 특별한 사람들만이 할 수 있고, 어렵지 않습
니까?

안 보통 그런 고정관념을 가지기 쉽습니다. 그러나 앞서 말했
듯이 세상에 나 아닌 사람이 어디 있습니까?

진짜 나를 찾는 것은 나의 권리이며 의무입니다.

백봉선생님은 "사실을 사실대로 알아서 사실을 사실대로 행
하는 것이 불법이다"라고 말했습니다.

먼저 공부의 윤곽과 바탕을 마련하기 위하여 설법을 통해서
정견正見을 세우고 그것을 행함으로써, 바늘귀만 한 것이라
도 자기 수행의 살림(체험)을 가질 수 있도록 당부하고 또 당
부했습니다.

천 원 이야기

은행원이 하루 종일 수억 원의 돈을 세어도

그것은 은행 돈입니다.

은행원의 주머니 속에 있는 천 원이

진짜 그의 돈입니다.

어떻게 수행할까요?

— 저는 여태까지 수행이란 어떤 특별한 사람이나 장소에서 하
    는 특별한 것이라고 생각했습니다. 수행을 하려면 어떻게
    해야 합니까?

안 먼저 수행에 대해 바르게 아는 것이 중요합니다.

    세상의 모든 일이 다 마찬가지겠지만 수행을 시작할 때도 먼
    저 올바른 방향을 잡고 가는 것이 가장 중요합니다. 그렇지
    않으면 열심히 노력은 하지만 엉뚱한 방향으로 갈 수 있기
    때문입니다. 이것을 '공부의 윤곽과 바탕을 마련한다' 또는
    '바른 견해(正見)를 세운다'라고 합니다.

— 수행하기 위해 공부의 윤곽과 바탕을 마련하려면 어떻게 해
    야 합니까?

안 '진짜'와 '가짜'를 구별할 줄 알아야 합니다.

— 진짜와 가짜요? 왜 진짜와 가짜를 구별할 줄 알아야 합니까?

안 진짜와 가짜를 구별할 줄 모르면 수행 방향이 어긋나기 때문입니다.
지금 우리들은 가짜를 진짜라고 착각하고 있지만, 그것을 스스로 인지하지 못하고 있습니다. 따라서 진짜와 가짜를 분명하게 구별해서 이해하는 것이 중요하며, 이것이 수행의 출발점이 됩니다.

— 그렇다면 진짜와 가짜를 어떻게 구별합니까?

안 진짜는 변하지 않는 것, 가짜는 변하는 것입니다. 먼저 우리 주위에서 변하는 것에 대해 관찰해 봅시다.

변하는 것 관찰하기

안 우리 주위에서 볼 수 있는 변하는 것에 대해 이야기해 봅시다.

— 저는 사계절이 생각납니다. 봄에는 꽃이 피고, 여름에는 나무가 우거지고, 가을에는 단풍이 들고, 겨울에는 잎이 떨어집니다.

안 그렇습니다. 꽃이 피고 지는 것도, 잎이 물들고 떨어지는 것
   도 변하는 것입니다.
— 비가 오고 눈이 오는 것도, 날씨가 더웠다 추웠다 하는 것도
   변하는 것이겠지요.

안 그렇습니다. 주위를 둘러보면 우리는 많은 변화 속에 있습
   니다. 비가 오고 눈이 오고, 바람이 불고 구름이 흐르고, 계
   절이 바뀌고, 열매를 맺고 곡식이 익습니다.
— 지금까지 그런 생각 없이 보던 모든 것들을 '변하는 것'이라
   는 관점에서 보니 신기하고 재미있습니다.

안 그뿐만 아닙니다. 우리가 자라고 늙고, 심장이 뛰고 피가 흐
   르고, 눈을 깜빡이고 숨을 쉬는 것도 변하는 것입니다. 손을
   흔들고 다리로 걸어가고, 말을 하고 밥을 먹는 것도 변하는
   것입니다. 병이 들거나 낫는 것도 마찬가지입니다.
— 제 심장이 뛰고, 눈을 깜빡이고, 두 발로 걷는 것을 변하는
   것이라 생각해 본 적이 없습니다. 그런데 잘 생각해 보니,
   변하기 때문에 가능한 일인 게 맞습니다. '사는 것 자체가 변
   하는 것이구나!'라는 생각이 듭니다.

안 그렇습니다. 우리는 변하지 않으면 살아갈 수 없습니다. 생
   명을 유지하기 위하여 음식을 먹고 소화시키고 배설하고 숨

쉬는 것도 변하는 것이고, 생물이 진화하는 것도 변하는 것입니다. 모든 문화와 문명이 생겨나서 발전하고 사라지는 것도 변하는 것이고, 역사가 흐르는 것도 변하는 것입니다. 그러니 사는 것이 변하는 것입니다.

— 가만히 생각해 보니 그렇습니다. 그런데 어떻게 변할 수 있는 것인지 궁금합니다.

안 예를 들어, 어떻게 씨앗에서 꽃이 필 수 있을까요? 물·햇빛·온도 등과 같은 알맞은 조건들이 있어야 되겠지요. 여기 연꽃 씨가 하나 있습니다. 이것을 추운 북극에 심으면 자랄 수 없습니다. 하지만 따뜻한 온대지방에 심으면 싹이 트고 예쁜 꽃을 피웁니다. 이와 같이 알맞은 조건이 있으면 변화가 일어나는 것이지요.

— 네. 조건이 충족되어야 변화가 일어난다는 의미를 알겠습니다.

안 꽃이 피기 위한 직접적인 원인인 씨앗을 '인因'이라 하고, 물·햇빛·온도 같은 간접적인 원인을 '연緣'이라 합니다. 꽃은 이러한 인연과 조건의 산물이라 볼 수 있습니다.
세상의 모든 사물과 사건들은 서로 인연과 조건에 의지해서 생겼다가 인연과 조건이 없어지면 사라집니다. 이것을 '상호의존성'이라고 합니다. 그리고 모든 것이 상호의존적으로 생겼다가 사라지는 원리를 '연기법' 혹은 '인과법'이라고 합니다.

— 좀 더 자세히 설명해 주십시오.

안 우리 주위에 있는 물건을 예로 들어봅시다. 여기 에어컨이
   있습니다. 날씨가 더워지면 에어컨을 켭니다. 그러면 온도
   가 내려가면서 무더위로 인해 일어났던 불쾌감이 사라지고
   기분이 상쾌해지면서 의욕도 살아납니다.

— 네, 그렇습니다.

안 이 과정을 잘 관찰해 봅시다. 에어컨을 켜려면 우선 전원에
   연결해야 되고, 에어컨이 정상적으로 작동해서 찬바람을 만
   들어야 온도가 내려갑니다. 에어컨이 작동해서 우리가 시원
   함과 쾌적함을 느끼기 위해서는 많은 인연과 조건들이 결합
   되어 상호의존적으로 일어나야 합니다.
   만약 정전이 되어서 에어컨을 사용할 수 없다면 어떨까요?
   찬바람, 온도 내림, 시원함과 쾌적함 등이 아예 일어날 수
   없을 것입니다. 따라서 모든 현상은 상호의존적입니다.

— 네. 이해됩니다. 그렇다면 구체적으로 어떤 인연과 조건들
   이 결합하여 상호의존적으로 일어납니까?

안 이 상황을 좀 더 자세히 관찰해 봅시다. 우선 에어컨이 어떻
   게 생겼는지 생각해 봐야겠습니다.

— 에어컨을 만드는 회사에서 에어컨의 부품을 조립해서 에어
  컨이라는 기계가 만들어졌습니다.

안 에어컨의 부품을 만들기 위해서 기술개발, 원료, 생산설비,
  유통 등 여러 과정을 거치면서 많은 사람들의 노력이 들어
  갑니다. 또한 그 사람들이 살기 위해 필요한 의식주와 그 에
  어컨을 사기 위해 돈을 버는 모든 과정도 포함됩니다. 이렇
  게 생각해 보면 에어컨은 단지 하나의 기계일 뿐만 아니라
  '세상의 모든 인연과 조건들의 총집합체'라고 해도 과언이
  아닐 것입니다.
— 이렇게까지 자세하게 관찰해 본 적이 없습니다만, 정말 모
  든 사물이 다 그렇겠다는 생각이 듭니다.

안 만약 에어컨의 부품을 해체한다면 어떨까요? 에어컨이라는
  기계는 존재하나요?
— 존재하지 않습니다. 에어컨을 해체한 부품은 에어컨이 아닙
  니다. 에어컨이란 에어컨 부품을 조립해서 만든 기계에 붙
  인 이름입니다. 자동차도 스마트폰도 다 마찬가지이겠지요.

안 그렇습니다. 결국 에어컨이라는 실체가 없다는 얘기가 됩니
  다. 이것을 우리는 '에어컨은 실체가 없다. 이름뿐이다. 자
  체성自體性이 없다'라고 말합니다.

─ 여태까지 그런 생각을 한 번도 해 본 적이 없습니다.

안 아마 대부분의 사람들이 그럴 것입니다. 계절이나 기후, 생
    물의 성장과 같은 자연현상뿐만 아니라, 세상의 모든 사물
    이나 사건, 생각, 감정들도 상호의존적으로 생겨났다 사라
    집니다. 즉 인연과 조건이 달라지면 그 결과도 달라집니다.
    그러니 자체성이 없는 것입니다.

─ 네. 그럴 수 있겠습니다.

안 그래서 인연과 조건이 있으면 생겨났다가 인연과 조건이 없
    어지면 사라지는 것을 '변한다'라고 합니다.

─ '변한다'란 말 속에 엄청난 의미가 담겨 있군요. 그런데 저는
    평소에 '몸'에 대해서 관심이 많습니다. 우리의 몸은 아기로
    태어났다 청년이 되었다가 노인이 되고 결국 죽음을 맞아
    몸이 사라져 버리지 않습니까? 그러면 '나는 어떻게 되나?
    나는 누구인가?' 하는 의문이 늘 있습니다.

안 그러면 먼저 '나'라고 불리는 내 몸을 관찰해 봅시다.

【 몸뚱이 관찰하기 】

안 지금, 우리 모두 사진을 찍는다고 생각해 보세요. 100년 뒤
에 이 몸이 세상에 남아 있을 사람이 있을까요? 대부분은 몸
이 사라졌을 것이고, 몸이 남아 있는 사람도 지금과는 다른
모습으로 세월의 흔적을 고스란히 간직하고 있을 것입니다.

— 100년 뒤라면 당연히 그렇겠지요.

안 이렇게 몸뚱이가 '변한다'는 사실은 너무나 분명하고 확실해
서 모두들 잘 알고 있을 것 같지만, 실제로는 실감이 잘 오
지 않는 부분입니다. 우리는 그 뜻을 알든 모르든 '변한다'는
말을 자주 쓰고 삽니다.

— 네. 이제까지 별 생각 없이 사용했던 것 같습니다.

안   사람들은 언어나 문자에 대해 사회적인 통념이나 자기 나름
     대로의 고정관념과 개념을 가지고 있습니다. '변한다'는 말
     역시 자신이 가지고 있는 자료를 바탕으로 이해하고 받아들
     이기 때문에, 본래 의미가 왜곡될 수 있습니다.

—   '변한다'란 원래 의미를 제대로 알려면 어떻게 해야 할까요?
안   일상생활에서의 관찰이 중요합니다. 변하는 것을 스스로 관
     찰하지 못한다면, 변화를 실제로 인지하지 못하거나 그것을
     잘 아는 것 같이 착각할 수도 있습니다. 일상생활 속에서 '변
     한다'란 것을 꾸준히 관찰함으로써 본래의 뜻을 알아갈 수
     있을 것입니다.

◉ 몸뚱이는 소유물이 아니라 관리물이다
안   요즈음은 의학과 과학이 발달되어, 우리 몸이 수조의 세포
     로 구성되어 있다는 것을 잘 알고 있습니다.
—   네. 그렇습니다.

안   1초에 수십만 개의 세포가 생겨나고 죽고, 생겨나고 죽고를
     반복하여 100일이면 골수까지 완전히 바뀌어 버린다고 합니
     다. 100일 전의 몸과 현재의 몸, 100일 후의 몸은 전혀 다른
     몸인 것입니다.
—   태어났을 때와 죽을 때의 몸은 완전히 다른 것이겠군요.

안　따라서 우리가 죽을 때는 지금 가지고 있는 이 몸뚱이가 아닌 다른 몸으로 죽게 됩니다.

—　하지만 변하는 몸 또한 내 몸 아닌가요?

안　내 몸뚱이가 쉴 새 없이 변하고 있다고 생각해 보세요. 우리는 평생 동안 단 한 번도 똑같은 몸을 가져보지 못합니다.

—　내 몸이 평생 단 한 번도 같은 몸일 수 없다고요?

안　그렇습니다. 궤변 같지만 냉정하게 생각해 보면 이치에 맞음을 알 수 있습니다.

—　이론적으로는 이해가 됩니다만, 제 자신이 그렇다고 실제로 느껴본 적은 없습니다.

안　1초에 수십만 개의 세포가 잠시도 쉬지 않고 생기고 죽으면서 변하고 있는데, 어느 시점의 몸을 콕 집어서 내 몸이라고 할 수 있겠습니까?

—　잠시도 쉬지 않고 변하니까 '내 몸' 하는 순간 변해버릴 테고, 참 난감하긴 합니다.

안　어쨌든 의학적으로 분명한 사실이니까 이해는 되지 않겠습니까?

—　네. 이해는 됩니다.

안 혹시 몸뚱이에게 뭘 부탁해 본 적이 있나요? 내 몸뚱이에게
  '늙지 마라, 병들지 마라, 죽지 마라'고 빌어도 절대로 내 말
  을 들어주지 않습니다.
— 그렇습니다. 내 몸은 내 부탁을 들어주지 않습니다.

안 깨끗하게 목욕도 시켜주고, 배고프면 밥도 먹여주고, 목마
  르면 물도 마시게 하고, 좋은 옷도 입혀주고, 명품 가방도
  들게 하고, 온갖 정성을 다하지만 제멋대로 늙고 병들고 가
  버리니, 정말로 무정한 몸뚱이입니다.
  그러니 '몸뚱이는 나의 소유물이 아니라 관리물'입니다.
— 내 몸이 나의 소유물이 아니란 말씀은 충격입니다.
안 그렇지요. 처음 들어 보는 말일 겁니다.

— 그러면 소유물과 관리물은 어떻게 다릅니까?
안 소유물은 내 마음대로 할 수 있는 것이지만, 관리물은 내 마
  음대로 할 수 없는 것입니다. 내 몸뚱이에게 '늙지 마라, 병
  들지 마라, 죽지 마라'고 해도 그렇게 됩니까?
— 안 됩니다.

안 그래서 인연이 있을 때까지 몸뚱이를 잘 관리하면서 쓰다
  가, 인연이 다하면 몸뚱이가 사라진다는 의미입니다.
— 머리로는 이해가 되지만 마음으론 받아들이기 어렵습니다.

안　아마 그럴 겁니다. 앞으로 같이 공부해 나가면 보다 이해가
　　깊어질 것입니다.

● 몸뚱이는 무정물이다
안　뉴스를 통해서 아들의 신장을 어머니에게 이식하고, 딸의
　　간을 아버지에게 이식해서 건강하게 잘 살고 있다는 얘기를
　　들어보셨을 겁니다. 각막도 이식하고 피부도 이식하고, 줄
　　기세포로 장기를 만들어서 이식하기도 합니다.
─　네. 과학의 발달로 이식할 수 있는 장기가 늘어나고 있다고
　　들었습니다.

안　만약 아들의 신장이 아들만의 것이라면, 어머니의 몸속에
　　이식되지 못할 뿐만 아니라, 이식된 아들의 신장이 주인을
　　찾으러 간다고 반란을 일으키지 않겠습니까? 혹시 그런 얘
　　기를 들어 보셨나요?
─　아니요, 들어보지 못했습니다.

안　조건만 맞으면 남의 몸속에 들어가서도 신장과 간의 기능을
　　유지하면서 건강하게 살아가지 않습니까?
─　그렇습니다.

안　그뿐 아니라 나이가 들거나 병이 들거나 사고로 다치면 인

공기관으로 대체하기도 합니다. 임플랜트, 인공 관절, 인공 심장판막, 인공 수정체는 이미 대중화되었습니다. 손이나 다리를 인공기관이나 보조기관으로 대체한 분들도 주위에서 쉽게 볼 수 있습니다.

— 네. 저도 임플랜트 시술을 받았습니다.

안 의학과 과학의 발달로, 남의 몸의 기관이나 인공으로 만든 기관도 내 몸같이 쓸 수 있습니다. 몸뚱이가 스스로 무엇을 하는지 알지도 못하고, 또한 느끼지도 못하는 나무나 돌과 같은 '무정물'이기 때문입니다.

— 네? 내 몸이 무정물이라고요?

안 그렇습니다. 처음 듣는 사람들은 모두 깜짝 놀랍니다. 만약 몸뚱이에 지혜가 있고 자체의 고유한 성품이 있다면, 이식은 불가능할 것입니다. 몸뚱이가 무정물이기 때문에 인연과 조건만 맞으면 남의 몸속에서도 그 기능을 잘 유지할 수 있습니다.
몸뚱이를 나라고 여기면서 살아가고 있는 우리들에게 이러한 사실들은 굉장히 충격적이고 이해가 잘 되지 않는 부분입니다.

— 이해가 잘 되지 않을 뿐만 아니라 매우 당황스럽습니다.
'내 몸이 무정물이다. 로봇이나 TV, 스마트폰과 같은 기계다. 따라서 그 기계를 쓰는 사람이 주인이 된다.' 정말 섭섭한 마음이 듭니다. 저는 제 몸이 늘 '내 것'이고 '나'인 줄 알았습니다.

안　절대로 내 몸뚱이를 부정하거나 함부로 하라는 것이 아닙니다. 우리 몸뚱이에 대해서 사실대로 관찰하고 알아보자는 것입니다. 내가 예로 든 것은 우리 주위에서 실제로 일어나고 있는 일들입니다. 그런데 몸뚱이를 '나'라고 생각하고, '내 것'이라고 믿고 있는 사람들은 실감이 되지 않는 것도 사실입니다.

—　네. 저도 마찬가지로 실감이 잘 되지 않습니다.

안　백봉선생님은 오래 전에 수술 법문을 하였습니다. 그 당시에는 먼 나라 이야기라고 생각했으나 요즈음은 일반적인 상식이 되었습니다.

🪷 수술 법문
"만약에 너의 병든 양쪽 다리를 끊어내고, 갓 죽은 일본 사람의 알맞은 다리로 바꾸어 붙여서 건강한 사람(무병인無病人)이 되었을 때, 너의 어머니는 너의 어머니요 너의 아내는 너의 아내요 너의 자식은 너의 자식이라고 말해도 좋겠는가?"
"좋다 마다이겠습니까."

"만약에 이번에는 너의 병든 양쪽 팔을 끊어내고, 갓 죽은 중국 사람의 알맞은 팔로 바꾸어 붙여서 건강한 사람이 되었을 때, 너의 어머니는 너의 어머니요 너의 아내는 너의 아내요 너의 자식은 너의 자식이라고 말해도 좋겠는가?"

"좋다 마다이겠습니까."

"만약에 이번에는 너의 병든 심장과 신장을 도려내고, 갓 죽은 미국 사람의 알맞은 심장과 신장으로 바꾸어 넣어서 건강한 사람이 되었을 때, 너의 어머니는 너의 어머니요 너의 아내는 너의 아내요 너의 자식은 너의 자식이라고 말해도 좋겠는가?"

"좋다고 하지 않겠습니까?"

"만약에 이번에는 너의 병든 폐와 간을 도려내고, 갓 죽은 독일 사람의 알맞은 폐와 간으로 바꾸어 넣어서 건강한 사람이 되었을 때, 너의 어머니는 너의 어머니요 너의 아내는 너의 아내요 너의 자식은 너의 자식이라고 말해도 좋겠는가?"

"좋겠지요."

"만약에 이번에는 너의 병든 목구멍과 이·혀·뇌를 뽑아내고, 갓 죽은 프랑스 사람의 알맞은 목구멍과 이·혀·뇌로 바꾸어 넣어서 건강한 사람이 되었을 때, 너의 어머니는 너의 어머니요 너의 아내는 너의 아내요 너의 자식은 너의 자식이라고 말해도 좋겠는가?"

"글쎄요."

"만약에 이번에는 너의 병든 눈을 개 눈으로, 코는 원숭이 코로, 귀는 고무로, 머리털은 가발로 바꾸어 넣어서 건강한 사람이 되었을 때, 너의 어머니는 너의 어머니요 너의 아내는 너의 아내요 너의 자식은 너의 자식이라고 말해도 좋겠는가?"

"큰일 났습니다. 왜냐하면 나의 몸은 나의 어머니가 낳아주신 나의 몸이 아니고, 일본·중국·미국·독일·프랑스 사람의 것이 확실하고, 또한 개와 원숭이의 것도 분명할 뿐 아니라, 또는 남의 손을 빌려서 만들어진 것도 있으니, 어머니를 어찌 나의 어머니라고 말하겠으며 아내를 어찌 나의 아내라 말하겠으며 자식을 어찌 나의 자식이라 말하겠습니까? 이럴진댄 나는 누구이며, 어느 나라 사람이며, 어떤 물건입니까?"

"단단히 들어라!"
이리 저리 모이어져서 다시 이루어졌지만 몸뚱이란 본래로 성품이 없으면서도 법에 따라 줄곧 변하는 가죽주머니이니, 어찌 정해진 법이 있어서 국적을 말하고 인종을 가리랴. 다만 연에 따라서 누구라도 쓰면 주인이니 그것이 너의 몸(색신)인 줄 알라.

왜냐하면 너에게는 보고 듣고 생각하는 놈이 있으니 이것이 바로 '참 너'인데, 이놈은 본래로부터 빛깔도 소리도 냄새도 없으면서 영특스럽게 맑고 밝으나 어떤 물건이라고 말할 수도 없는 것이다.

이러므로 부득이 마디 말을 빌어서 마음이니 성품이니 슬기로 부르는데, 의젓하여 하늘과 땅이 나뉘기 앞의 소식으로서 부처도 얻어내지 못하나 중생도 버리지 못하는 것이다. 사리가 이렇듯이 분명하니 다만 너는 여자의 몸으로 바뀌지 않은 것만이라도 다행으로 생각하되 소중하게 맺어진 상대적인 인연을 의심하지 말고, 어머니로서 존경하고 아내로서 아끼고 자식으로서 사랑함이 당연한 처사라 하겠다.

이 소식에 몸을 한 번 뛰쳐라!

안　몸뚱이를 세계 여러 나라 사람의 생체기관과 인공기관으로 바꾼 나는 어느 나라 사람입니까? 어머니가 낳아 주신 몸뚱이가 하나도 남김없이 없어졌는데, 나의 어머니와 나의 아내와 나의 자식을 나의 어머니와 나의 아내와 나의 자식이라 말할 수 있을까요?

―　글쎄요. 생각해 보아야겠습니다만 아무리 몸뚱이의 기관이 바뀌었다 하더라도 나의 어머니와 나의 아내와 나의 자식이 아닐까요?

안　요즈음은 백봉선생님의 수술 법문을 잘 이해할 수 있습니다. 생체 이식, 인공장기 이식 등 인공기관으로 대체하여 건강하게 살아가는 사람들을 주변에서 흔히 볼 수 있습니다.

— 네. 과학과 의학이 더욱 발달하면 가까운 미래에 우리가 상상할 수 없는 일들이 벌어질 것 같습니다.

안 그런데도 자연적으로나 인공적으로 변하는 몸뚱이를 정말로 내 몸뚱이라고 할 수 있을까요?

— 말씀을 들으니 '변하는 이 몸이 내 몸이 아닐 수도 있겠다'라는 생각이 들지만, 명쾌하게 인정이 되지는 않습니다. 변하는 몸이 내 몸이 아니라면 '진짜 내 몸은 무엇인지, 진짜 나는 무엇인지' 의문이 듭니다.

안 앞의 수술 법문은 '몸뚱이는 쉬지 않고 변하는 무정물이다. 몸뚱이는 성품이 없다. 몸뚱이는 나누어 쓸 수 있는 기관이다. 그래서 몸뚱이를 쓰는 사람이 주인이다. 그러므로 보고 듣고 말하는 것은 무정물인 몸뚱이가 아니라, 변하지 않는 빛깔도 소리도 냄새도 없는 성품이다'란 사실을 드러냅니다. 그러니 이런 질문을 해 봐야 하지 않을까요?

나는 내 몸이 태어날 때 생겼다가, 죽고 나면 없어지는 것일까요?

내 몸이 태어나기 전에 나는 어디에 있었나요?

내 몸이 죽고 난 뒤에 나는 어디에 있을까요?

진짜 내 몸은 무엇인가요?

【 마음 관찰하기 】

안　눈, 귀, 코, 혀, 몸, 뜻(육근)으로 보는 인식 대상인 빛깔, 소
　리, 냄새, 맛, 감촉, 요량(육진)을 '경계'라고 합니다. 우리는
　보통 그 경계에 따라 일어나는 느낌, 감정, 생각 등을 마음
　이라고 합니다. 이제 우리가 '내 마음'이라 부르는 것을 관찰
　해 봅시다.
　여기 국화가 한 송이 있습니다. 국화를 보니 '국화'라는 생각
　이 생깁니다.

— 네, 그렇습니다.

안　'국화'라는 생각은 어디서 왔을까요?
— 뇌에서 오지 않을까요?

안　국화가 없어지면 '국화'라는 생각도 사라지지 않을까요?
— 네. 그렇습니다.

안　'국화'라는 생각은 어디로 갔을까요?
— 글쎄요.

안　내 마음이 생겼다 사라졌다 하는 것일까요?
— 그런 것 같습니다.

안　생겼다 사라지는 마음은 어떤 마음일까요?

―　변하는 마음이겠지요.

안　변하는 것은 진짜입니까?

―　아닙니다. 변하는 것은 가짜입니다.

안　그러면 진짜 마음은 무엇입니까?

―　변하지 않는 마음일 것 같은데, 그것이 무엇인지는 잘 모르겠
　　습니다.

◉ 변하는 마음

안　좋은 경계를 만나면 좋은 마음이 생기고, 싫은 경계를 만나
　　면 싫은 마음이 생깁니다. 기쁜 경계를 만나면 기쁜 마음이
　　생기고, 슬픈 경계를 만나면 슬픈 마음이 생기고, 돈이나 명
　　예를 보면 욕심이 생깁니다. 대부분의 사람들은 변하는 경계
　　에 따라 일어났다 사라지는 마음을 '내 마음'이라고 합니다.

―　좋고 싫고, 기쁘고 슬픈 마음이 제 마음 아닙니까?

안　좋은 마음이 따로 있고, 싫은 마음이 따로 있을까요? 기쁜
　　마음과 슬픈 마음이 따로 있을까요?

―　아닙니다. 제 마음이 상황에 따라 이랬다저랬다 합니다.

안　만약 내가 화가 나거나 불안할 때 내 마음에게 '화내지 마라.
　　불안해 하지 마라'고 하면 내 마음이 그대로 따라줍니까?
―　그렇게 안 됩니다.

안　명상을 하거나 마음을 가라앉히려고 할 때 내 마음에게 '생
　　각하지 마라' 하면 생각이 안 납니까?
―　아닙니다. 생각이 쉴 새 없이 일어납니다.

안　내가 아무리 빌어도 내 마음은 내 말을 들어주지 않습니다.
　　인연과 조건에 따라 일어났다 인연과 조건이 다하면 사라질
　　뿐입니다.
―　정말 그렇습니다.

안　그러면 그런 마음이 '내 것'이고 '나'일까요?
―　아닐 것 같습니다.

안　몸뚱이가 나의 소유물이 아니고 관리물이듯이, 변하는 경계
　　에 따라 일어나고 사라지는 마음도 내 마음이 아닙니다.
　　다시 말하면 느낌, 감정, 생각 등은 '내 것'이 아니라는 말입
　　니다.
―　처음 듣는 말씀입니다. 내 마음이 내 것이라면 내 마음대로
　　할 수 있어야 되겠지만 그렇게는 안 됩니다.

안　내 마음대로 하지도 못하고 변하는 경계에 따라 일어나고
　　사라지는, 변하는 마음이 진짜 내 마음일까요?

—　아닐 것 같습니다.

안　변하는 것은 가짜이고, 변하지 않는 것이 진짜입니다. 인연
　　과 조건에 따라 생기고 없어지는 것은 진짜 내 마음이 아닙
　　니다.
　　변하는 마음은 가짜입니다. 이것을 허망한 마음, '망심妄心'
　　이라고 합니다.

연애 이야기

남녀가 열렬히 연애하다가 어느 날 헤어졌습니다.
좋아하는 마음은 어디로 가고 싫어하는 마음이 생겼을까요?
한 마음이 좋아했다 싫어했다 하지 않았을까요?
그렇다면 영원히 변치 않는 마음이란 게 있을까요?

2. 절대성絶對性과 상대성相對性

절대성과 상대성이란

안 우리가 수행하려면 먼저 '공부의 윤곽과 바탕을 마련해서 바른 견해를 세우고, 수행의 방향을 바로 잡고 시작해야 된다'고 했습니다.

— 네. 기억하고 있습니다.

안 수행하기 위해서는 우선 '진짜와 가짜를 구별할 줄 알아야 된다'라고도 했습니다.

— 네. 그렇습니다.

안 '진짜는 변하지 않는 것, 가짜는 변하는 것'이므로, 우리 주
위에 있는 자연환경과 물건, 우리의 몸과 마음을 예로 들어
서 '변한다'는 것을 관찰해 보았습니다. 지금부터는 변하지
않는 것과 변하는 것에 대해 알아보겠습니다.
우선 표를 보십시오, 절대성과 상대성을 비교하고 있습니다.

절대성	상대성
바탕, 체體	작용用, 나툼
모습 없음無相	모습 있음有相
말과 뜻이 붙지 않음	이름과 말마디가 붙음
시공간이 끊어짐 (과거, 현재, 미래가 끊어짐)	시공간이 있음 (과거, 현재, 미래가 있음)
시작과 끝이 없음	시작과 끝이 있음
불생불멸不生不滅 (생기지도 없어지지도 않음)	생멸生滅 (생기고 없어짐)
변할 것이 없음	변함
진짜	가짜
이理	사事
무위법無爲法	유위법有爲法
절대평등성絶對平等性	차별현상差別現象
허공성虛空性	
불이不二, 비일비이非一非異	

절대성과 상대성 비교

— 절대성과 상대성이란 무엇입니까?

안 절대성은 변하지 않는 것이고 진짜입니다. 반면 상대성은
변하는 것, 가짜를 말합니다. 모든 언어나 문자는 그것을 설
명하기 위한 수단이며 그 자체는 아닙니다.

그러나 언어와 문자를 사용하지 않으면 그것을 설명할 수
없습니다. 언어와 문자는 달을 가리키는 손가락, 즉 수단입
니다. 백봉선생님은 "절대성과 상대성이라는 말이 여러분들
의 공부를 10년은 앞당길 것이다"라고 하였습니다.

— 그러면 '절대'란 어떤 의미입니까?

안 절대는 '상대가 없다'는 말입니다.

절대성은 바탕이며 체體이고, 상대성은 그 바탕에서 일어나
는 작용입니다. 절대성은 모습 없음, 무상無相입니다. 모습
이 없으면 이름을 붙일 수가 없습니다. 그래서 절대성, 법신
法身, 마음, 성품, 바탕, 허공, 부처 등과 같은 여러 가지 이
름을 빌려서 그 자리를 표현합니다.

이에 비하여 상대성은 모습입니다. 이름과 말마디가 붙는
것은 전부 상대성입니다.

— 상대성을 모습이라고 하셨는데, 모습이란 무엇입니까?

안 우주의 삼라만상, 태양, 지구 등 천체, 사람과 동물, 식물,
산과 강, 바다 등 사물을 일컫습니다. 또한 생각, 기억, 감

정, 관계, 명예, 이념, 종교, 물질과 비물질, 형상이 있거나 없는 것, 내 몸뚱이와 내가 쓰고 있는 마음 등 모두를 모습이라고 합니다.

인연과 조건이 있으면 생겨났다 인연과 조건이 다하면 사라지는 모든 유위법, 일체제법一切諸法이 상대성입니다. 눈, 귀, 코, 혀, 몸, 뜻인 육근六根과 육근을 상대하는 빛깔色, 소리聲, 냄새香, 맛味, 감촉觸, 법法인 육진六塵을 통칭하는 말입니다.

— 생각과 비물질까지 모습이라 했는데 '모습 없음'이란 무엇인지 이해가 잘 되지 않습니다.

안 우리는 늘 모습 속에서 살고 있기 때문에, 모습의 바탕인 '모습 없음'이라는 말이 잘 이해되지 않을 수 있습니다. '모습 없음'은 모습이 없기 때문에 말과 뜻이 붙지 않고, 시간과 공간이 끊어졌습니다.

◉ 시간과 공간은 어디에서 오는가?

— 모습이 없기 때문에 말과 뜻이 붙지 않는다는 것까지는 이해가 됩니다만, 시간과 공간이 끊어졌다는 건 어렵습니다. 우리는 늘 시간과 공간을 쓰고 있지 않습니까?

안 모습이 있으면 시간과 공간이 들러붙습니다.

예를 들어 보겠습니다. 여기 책이 있습니다. 책이 있으려면 언제 어디서 나무를 키워서, 언제 어디서 종이로 만들고, 언제 어디서 인쇄해서, 언제 어디서 책을 사야 될 것입니다. 그리고 모습이 있는 책은 언젠가 없어집니다.

— 책에는 항상 시간과 공간이 붙는군요. 이렇듯 모든 모습에도 시간과 공간이 붙는다는 말씀이지요?

안 그렇습니다. 모습이 있으면 시간과 공간이 붙습니다. 거꾸로 모습이 없다면 시간과 공간이 붙지 않는다는 것은 분명한 이치입니다.

— 그런데 무엇을 시간이라고 하고, 무엇을 공간이라고 합니까?

안 모습이 생겼다가 사라지는 '동안'을 시간이라 하고, 모습이 사라졌다가 다시 생기는 '사이'를 공간이라고 합니다.

— 제가 생각하는 시간과 공간의 의미와는 다릅니다.

안 처음 들으면 그럴 수 있습니다. 물과 물거품을 비유로 설명해 보지요.
물 위에 물거품이 일어났다 사라지는 동안을 시간, 물거품이 사라졌다 다시 일어나는 사이를 공간이라고 합니다.

— 그런데 물거품은 일어났다 사라지고 다시 일어나고 사라지

지만 물은 항상 그대로 있지 않습니까?

안 맞습니다. 변하지 않는 바탕(물)에서 모습(물거품)을 나투면 시간이라는 이름으로 나타나고, 그 모습이 사라져서 다시 나투는 사이는 공간이라는 이름으로 나타나는 것이지요.

― 그러면 시간과 공간이 다른 것이 아니지 않습니까? 저는 여태까지 시간과 공간은 완전히 다른 것이라고 생각했습니다.

안 물론입니다. 시간과 공간은 둘이 아니라 하나를 두고 하는 말입니다.

― 굉장히 철학적입니다. 어렵고 당황스럽습니다.

안 네. 이해합니다. 보통 일반적으로 말하는 시간과 공간의 의미와 다릅니다. 우리는 늘 변하는 모습을 기준으로 보고 있기 때문에 변하지 않는 바탕을 생각해 본 적이 없습니다. 모습을 나투어도 바탕은 모습에 물들지 않고, 모습이 사라져도 바탕은 항상 그대로입니다. 마치 물거품이 생겨도 물에 흔적을 남기지 않고, 물거품이 사라져도 물은 항상 그대로인 것과 같습니다.

― 이해는 잘 되지 않지만 곰곰이 생각해 보겠습니다. 그런데 '나투다'가 무슨 말입니까?

안 '나투다'는 '나타나다, 현현顯現하다'란 뜻을 가지고 있습니다. 평등성인 절대성에서 차별상인 상대성이 나타난 것을 '나투다'라고 합니다. 예를 들면 '중생들을 위해 관세음보살이 나투셨다'라고 표현합니다.

— '나투다'의 의미를 이제 알겠습니다.

안 앞에서 시간은 모습에서 온다고 했습니다. 가짜인 모습에서 오는 시간 역시 변하는 것이고 가짜입니다. 실체가 없고 이름뿐입니다.

— 네. 모습이 있으면 시간이 있다는 것이 이해됩니다.

안 모습이 없으면 시간이 없고, 시간이 없으면 과거와 현재, 미래가 없고, 시작과 끝이 없다는 것을 알 수 있습니다.

— 과거, 현재, 미래가 없다는 것은 받아들이기가 조금 어렵습니다.

안 절대성은 본래 모습이 없습니다. 그러나 우리는 늘 모습 속에 들어앉아 있기 때문에 '모습이 없다'라는 말을 이해하기 어렵습니다.

— 그렇습니다. 이해가 잘 되지 않습니다.

안 앞으로 차근차근 공부해 나가면 이해가 될 것입니다.

— 만약 시간이 없으면 어떻게 됩니까?

안 시간이 없으면 변할 것이 없습니다. 변할 것이 없으니 시작과 끝이 없고, 시작과 끝이 없으니 생기고 없어지는 것(생멸)이 없습니다. 생기지도 않고 없어지지도 않는 불생불멸不生不滅입니다.

— 불생불멸이라는 말은 이해가 쉽습니다.
안 절대성은 모습이 없으니 변할 것이 없고, 변할 것이 없으니 진짜이고, 이理(진리)적이며, 무위법無爲法이며, 절대평등성입니다.

— 무위법은 무엇입니까?
안 무위법은 인연과 조건에 따라 이루어진 것이 아니며, '변하지 않고 늘 그대로 있는 상주불변常住不變의 참된 법'입니다.

— 무위법이 있다면 유위법有爲法도 있겠군요.
안 물론입니다. 인연과 조건에 따라 생겨나고 없어지는, 즉 변하는 일체법이 유위법입니다. 즉 우리가 경험하는 현상세계를 말합니다.
— 좀 더 자세히 설명해주십시오.

안 형체가 있으면 그림자가 있습니다.
— 네. 그렇습니다.

안 형체와 그림자는 각각 분리되어 있는 둘입니까?

— 둘이라고 할 수 없습니다.

안 무위법과 유위법도 그와 마찬가지입니다. 이름이 둘일 뿐입
   니다.

— 절대성과 상대성 중에서, 상대성이 유위법이란 말씀이지요?

안 그렇습니다. 상대성은 모습이 있으니 이름이 붙고, 시공간
   이 있고, 과거 · 현재 · 미래가 있습니다. 모습이 있으니 변하
   고, 변하므로 시작과 끝이 있고, 시작과 끝이 있으니 생기고
   없어지는 것이 있습니다.
   상대성은 변하므로 가짜이고, 사事(모든 현상)적이며, 유위법
   이고 차별현상입니다. 모든 모습은 인연과 조건에 따라 상
   호의존적으로 일어나고 사라집니다.

— 차별현상이란 무엇입니까?

안 인연과 조건으로 생긴 모든 모습은 '차별이 있다, 상대적이
   다, 똑같은 것이 하나도 없다'는 뜻입니다. 우리의 몸뚱이가
   쉴 새 없이 변하므로 우리는 일생 동안 똑같은 몸뚱이를 단
   한 번도 가질 수 없다고 앞에서 배웠던 것을 기억하시나요?

— 네. 기억합니다.

안 그것을 차별현상이라고 합니다. 그래서 '변한다'는 이치를

이해하고 실제로 잘 아는 것은 매우 중요합니다.

— 내 몸이 변한다. 한 번도 똑같은 몸이 없는 차별현상이다. 말씀을 들을수록 흥미롭습니다.

안 우리는 변하는 몸을 내 몸이라고 하고, 변하는 마음을 내 마음이라고 착각하고 나와 동일시합니다. 또한 고정되어 변함없고(고정불변), 독립적이고, 개별적인 개체인 '내'가 있다고 생각합니다. 이것을 뒤바뀐 생각(전도몽상)이라고 합니다.

— 저는 여태까지 '내가 있다'라고 늘 생각해 왔습니다. '내가 있는가?' 하고 한 번도 스스로에게 질문해 본 적이 없습니다.

안 대부분이 그렇습니다. 앞으로 돌아가 절대성과 상대성 표를 보십시오. 맨 아래 칸을 보면 절대성도 허공성, 상대성도 허공성입니다.

— 허공성이요? 허공성이 무엇입니까?

안 절대평등성을 말합니다. 절대성도 허공성, 상대성도 허공성이기 때문에 절대성과 상대성을 '둘이 아니다不二' '하나도 아니고 다른 것도 아니다非一非異'라고 합니다. 결국 '절대성이 곧 상대성, 상대성이 곧 절대성平等不二'인 것입니다.

— 처음 들어 보는 말이라 좀 어렵긴 합니다.

안 처음 들어 보는 말일 수 있습니다. 비유하자면 파도는 여러 인연과 조건으로 생긴 물의 작용입니다.

— 네. 이해됩니다.

안 인연과 조건에 따라 수많은 파도가 생겨도 파도의 바탕은
물입니다. 파도와 물을 둘이라 할 수 없고不二, 그렇다고 하
나도 아니고 다른 것도 아닙니다非一非異.

— 네. 맞습니다.

안 그러니 파도가 곧 물이요, 물이 곧 파도平等不二라 할 수 있
습니다. 그런데 우리는 늘 파도만 바라보기 때문에, 파도의
바탕인 물을 잊어버립니다. 그래서 인연과 조건에 따라 생
긴 파도를 진짜라고 착각합니다.

— 네. 저도 그런 생각으로 살아온 것 같습니다.

안 파도는 물의 작용임을 잊지 마십시오.

— 네. 절대성이 상대성의 바탕이고, 상대성은 절대성의 작용
이란 말씀이지요?

안 그렇습니다. 변하는 것은 변하지 않는 것의 작용이요, 변하
지 않는 것은 변하는 것의 바탕입니다. 바탕과 작용은 둘이
아닙니다. 절대성과 상대성은 진리를 드러내는 첫 관문이므
로 잘 이해해야 합니다.

백봉선생님의 허공 법문을 소개합니다.

🪷 허공법문

공부하고 있는 학생에게

"자네 어제 허공 봤나?"하고 물으니 깜짝 놀라.

"이 허공 말입니까?"

"그래, 어제 허공 봤나, 그 말이다. 의심스럽게 생각하지 마라."

"어제 허공 봤나?"

"예, 어제 허공 봤습니다." "그럼 오늘 허공 봤나?"

"예, 봤습니다."

"내일 허공 봤나?"

"예? 안 봤습니다."

"하하하~"

말은 옳은 말이여. 정직한 말이거든. 내일 허공 안 봤거든. 내일
이란 말마디, 그 이름자名字에 휘둘려서. 내일이란 아직 안 왔거든.

"허공 자체에 어제와 오늘이 있더냐? 허공이란 건 빛깔도 소리도
냄새도 없는데, 어제 오늘이 있더냐?"

가만히 생각해 보더니

"예, 맞습니다. 허공 자체에 어제 오늘이 없습니다. 빛깔도 소리
도 냄새도 없고, 아무것도 없는데 어찌 허공에 어제 오늘 내일이란
말을 할 수 있겠습니까?"

"자네 백 년 전 허공 봤나?"

"예, 봤습니다."

"그럼 백년 후 허공 봤나?"

"예, 봤습니다."

안　모습 없는 허공에는 시간이 끊어졌으므로 어제, 오늘, 내일
　　이라는 시간이 들러붙지 않습니다. 그런데 보통 사람들은
　　과거, 현재, 미래라는 이름에 휘둘립니다.
—　맞습니다. 그런데 왜 그런지 궁금합니다.

안　우리는 늘 변하는 모습에만 들어앉아 있기 때문입니다. 모
　　습에는 시간이 들러붙기 때문에 과거, 현재, 미래가 있습니
　　다. 우리는 모습의 바탕인 '허공'에 대해서 결코 생각하지 않
　　습니다. 만약 어제, 오늘, 내일이라는 시간이 붙지 않는다면
　　2500년 전이나, 지금이나, 2500년 후도 '지금'이 아닐까요?
—　글쎄요.

안　1억 년 전이나, 지금이나, 1억 년 후도 '지금'이라는 말이 성
　　립합니다.
—　이치로는 그렇습니다.

안　참으로 엄청나고 놀라운 사실인데, 이해가 잘 되지 않을 겁
　　니다. 왜냐하면 우리는 시간이 들러붙는 모습에만 늘 들어
　　앉아 그 바탕을 잊어버렸기 때문입니다. 파도만 바라보다가

파도의 바탕인 물을 잊은 것과 같습니다.

— 아직도 시간이 끊어졌다는 의미를 짐작하기도 어렵습니다.

안 2500년 전 부처님이 말씀하실 때도 '지금 여기(Now & Here)'이
고, 우리가 지금 책을 보는 순간도 '지금 여기'이고, 천년 뒤
에 수행하는 사람도 '지금 여기'입니다. 이것이 시공간이 끊
어졌다는 의미입니다. 모습 없음은 영원입니다. 영원이란
시작과 끝이 없고, 나고 죽는 것이 없는 것, 즉 시간이 끊어
진 것입니다.
시간이 끊어졌다는 것이 어떤 의미라고요?

— 모습이 없고 시작과 끝이 없다, 변하지 않는다는 의미입니다.

안 그렇다면 몸뚱이는 모습입니까?

— 네. 그렇습니다.

안 몸뚱이는 모습이므로 시간이 있고 과거, 현재, 미래가 있습
니다. 과거, 현재, 미래가 있으므로 시작과 끝이 있고, 시작
과 끝이 있으므로 나고 죽음이 있습니다. 나고 죽음이 있으
므로 젊음과 늙음이 있습니다. 나고 죽고 젊고 늙는 것이 바
로 변하는 것입니다.

— 네. 맞습니다.

안 변하는 것은 가짜라고 했습니다. 그러니 이 몸뚱이가 진짜 내가 될 수 있을까요?

— 될 수 없을 것 같습니다.

안 그렇다면 진짜 나는 무엇일까요?

— 어렵습니다.

안 진짜는 모습이 없고 변하지 않아야 합니다. 그러니 절대성이 진짜 나입니다.

— 실감은 안 되지만 이해는 할 수 있을 것 같습니다. 그런데 모습이 없는 절대성이 진짜 나라고 하시니, 진짜 나를 어떻게 찾을 수 있겠습니까?

안 절대성은 모습이 없기 때문에 찾으려도 찾을 수 없습니다. 그래서 절대성의 작용인 상대성(모습)에서 찾아야 됩니다.
다시 말하자면, 절대성인 '진짜 나'를 찾으려면 상대성인 '모습'에서 찾아야 한다는 말입니다.

— 무슨 말씀인지 잘 모르겠습니다. 자세히 설명해주십시오.

안 파도는 인연과 조건에 따라 쉴 새 없이 변합니다. 파도는 어디서 왔습니까?

— 물에서 왔습니다.

안　그러면 인연과 조건으로 생긴 모든 모습, 상대성은 어디서
　　왔는지 알아 볼 차례입니다.

상대성은 절대성의 굴림새

🪷

　　상대성은 절대성에서 왔다. 이것만 딱 알아 버리면 불경을 볼 필
　요도, 연구할 필요도 없습니다. 나도 절대성에서 왔다. 우선 여러분
　들이 말마디라도 알아야 됩니다. '절대성의 굴림새가 상대성'이다.

안　앞의 내용은 백봉선생님의 말씀입니다. 상대성과 절대성의
　　관계가 이해가 되십니까?
―　제게는 조금 생소한 내용이라 언뜻 이해가 되진 않습니다.

안　상대성은 그 바탕인 절대성에서 왔습니다. 상대성은 절대성
　　의 작용입니다. 이것은 매우 중요한 이치입니다.
　　절대성은 상대가 없는 것, 이름도 없고 모습도 없습니다. 상
　　대성은 모습이기 때문에 이름이 있습니다. 별, 지구, 태양,
　　산, 물, 나무, 깨달은 마음, 깨닫지 못한 마음, 종교, 이념,
　　물질, 비물질 이렇게 이름을 붙일 수 있는 것은 모두 상대성
　　입니다.

상대성은 모두 상대가 있습니다. 나와 너, 부처와 중생, 안과 밖, 밝음과 어둠, 선과 악, 남자와 여자, 길고 짧음, 있다와 없다, 옳다와 그르다, 좋다와 싫다 등은 모두 상대성입니다. 다시 한 번 강조하지만, 상대성은 절대성에서 왔습니다.

— 죄송하지만, 좀 더 자세히 설명해주세요.

안 늘 모습에 들어앉아 있는 우리이기에 모습의 바탕에 대해 이해한다는 것은 어려운 일이 맞습니다. 예를 들어 생각해봅시다. 새벽이 되면 밝음이 오고 밤이 되면 어둠이 옵니다. 그런데 밝음이 어둠을 밀어내고 밝아지거나, 어둠이 밝음을 밀어내고 어두워지는 것입니까?

— 그렇지 않습니다. 해가 뜨면 밝아지고 해가 지면 어두워지는데, 지구의 위치에 따라 우리와 반대인 경우도 있습니다.

안 밝은 낮에 암실에 들어가면 어둡고, 어두운 밤에도 전등을 켜면 밝습니다. 밝음 속에 어둠이 있고 어둠 속에 밝음이 있습니다. 그래서 밝음과 어둠은 서로 충돌하지 않습니다. 인연과 조건에 따라 밝음과 어둠이 생겼다가 사라지는데, 밝음과 어둠이 실체가 있다고 할 수 있을까요?

— 밝음과 어둠이 실체가 있다고 할 수 없습니다.

안 그러면 밝음과 어둠은 인연과 조건에 따라 나타나는 모습이라고 해도 좋겠습니까?

— 네. 그렇습니다.

안 그러면 밝음과 어둠은 어디서 올까요?
— 글쎄요.

안 다시 비유해 보지요. 날씨가 맑거나, 비가 오고, 눈이 오고,
   바람이 불어도 그 바탕인 허공은 비에 젖지 않고, 눈에 덮이
   지 않고, 바람에 날려가지도 않습니다. 인연과 조건에 따라
   어떠한 날씨 변화에도 허공은 항상 그대로입니다. 이해됩니
   까?
— 네. 이해됩니다.
안 인연과 조건에 따라 밝음이 나타나고, 어둠이 나타나도 그
   바탕인 허공은 밝음에도 물들지 않고 어둠에도 물들지 않습
   니다. 만약 허공이 밝음에 물든다면 어두울 수 없고, 어둠에
   물든다면 밝아질 수 없을 것입니다.

— 그렇다면 바탕인 허공이 있는 것 아닐까요?
안 허공은 모습이 없습니다. 따라서 허공은 없는 것입니다. 허
   공은 '모습 없음'을 나타내기 위하여 빌려온 이름입니다. 만
   약 바탕인 허공에 정해진 무엇이 있다면 밝음과 어둠을 나
   툴 수 있을까요?

― 없을 것 같습니다. 밝음도 나투고, 어둠도 나투려면 모습이 없어야 된다는 말씀 아닌가요?

안 그렇습니다. 모습이 없어야 인연과 조건에 따라 밝음도 나투고 어둠도 나툴 수 있습니다.
   밝지도 않고 어둡지도 않으면서 밝음도 나투고 어둠도 나툴 수 있는 바탕을 절대성, 또는 허공이라고 합니다. 밝음과 어둠의 '앞소식'이라고도 합니다. 절대 평등해야 인연과 조건에 따라 밝음도 나투고 어둠도 나툴 수 있는 것입니다.

― 네. 그렇습니다.

안 나와 너가 아니기 때문에 나와 너의 모습을 나투고, 부처와 중생이 아니기 때문에 부처와 중생의 모습을 나툽니다. 선과 악이 아니기 때문에 선과 악의 모습을 나투고, 남자와 여자가 아니기 때문에 남자와 여자의 모습을 나툽니다.
   옳다 그르다가 아니기 때문에 옳다 그르다의 모습을 나투고, 좋다 싫다가 아니기 때문에 좋다 싫다의 모습을 나툽니다.

― 그런데 그 모든 것의 바탕인 앞소식을 생각해 본 적이 없습니다.

안 생각해 보면, 때와 장소 또는 그 인연과 조건에 따라 '좋다'가 '싫다'가 될 수 있고, '싫다'가 '좋다'가 될 수도 있습니다. 예를 들어 누군가를 좋아했다가 또 다른 면을 보면 싫어지기도 합니다. 어떤 때는 비 오는 날이 좋다가, 어떤 때는 싫습니다. 이것은 일상생활에서 실제로 경험하는 일입니다.

— 네. 이해됩니다.

안 우리는 여태까지 '인연과 조건으로 생긴 변하고 가짜인 모습'에만 들어앉아 있었기 때문에, 모습을 나툰 절대성을 생각해 본 적이 없습니다. 절대성은 모습이 없으므로 찾으려야 찾을 수 없습니다. 모습 없는 절대성을 드러내려면 먼저 모습 있는 상대성을 걷어잡아야 합니다.

— 절대성을 드러내려면 상대성을 걷어잡아야 한다는 건 어떤 의미입니까?

안 상대성은 절대성의 작용, 씀이, 나툼입니다. '상대성은 변하니까 가짜고, 가짜니까 머물 수 없다'는 것을 분명하게 알면, 상대성의 바탕인 절대성이 드러납니다. 또한 절대성을 알아야 상대성도 확실히 알 수 있습니다.
'상대성은 절대성에서 왔다. 절대성의 굴림새가 상대성이다. 상대성은 절대성의 굴림새다.' 우선 말마디라도 꼭 알아두고, 외워두면 공부에 도움이 됩니다.

— 네. 알겠습니다. 그러면 나도 절대성에서 온 것입니까?

안 그렇습니다. 절대성은 빛깔도 소리도 냄새도 없습니다. 변하려야 변할 것이 없습니다. '변한다'는 것이 무슨 말인지 생각해 보십시오. 인연과 조건이 있으면 일어났다가 인연과 조건이 다하면 사라지는 것입니다.

— 내 몸은 시시각각 변하고 있으니, 진짜 나는 아니겠군요.

안 우리의 몸뚱이가 나고 죽는 것도, 자라고 늙는 것도 변하는 것입니다. 만약 절대성에 변할 것이 하나라도 있다면 상대성입니다. 예를 들어 '이것이 절대성 자리다. 절대성 자리가 있다' 하는 순간 상대성이 됩니다. 절대성은 이것저것, 있다 없다의 '앞소식'입니다.

'나의 몸뚱이는 절대성에서 왔다. 절대성 자리가 상대성을 굴린다'는 것을 진정으로 이해한다면 나고 죽는 인생문제가 해결됩니다.

> **거지 이야기**
>
> 부잣집 아들이 가출해서 거지가 되었습니다.
> 지금은 거지 노릇을 하고 있지만,
> 언제든지 자기 집으로 돌아가면 거지 생활을 마감하고
> 본래의 부잣집 아들로 돌아갈 수 있습니다.

안 우리는 거지 노릇을 하고 있는 부잣집 아들입니다. 언제든

본래의 집으로 돌아갈 수 있습니다. 우리가 비록 본래 부처임을 잊어버리고, 가짜를 진짜로 아는 중생의 견해를 쓰고 있는 중생이지만, 이름뿐인 중생인 줄 알면 본래 나의 부처를 드러낼 수 있습니다.

그러나 변하는 것을 확실히 모르면, 변하지 않는 것을 드러낼 수 없습니다. 우리는 몸뚱이를 보면서 '몸뚱이구나!' 하고 있는 그대로 보지 않고, '나'라고 생각합니다.

— 네. 저도 그랬습니다.

안 몸뚱이는 인연과 조건에 따라 변하는 모습입니다. 진짜 내가 아닙니다. 그런데 우리는 몸뚱이를 나와 동일시합니다. 개별적이고 고정불변하고 독립적인 주체, 즉 모든 행위와 감정을 일으키는 '행위자'가 있다고 생각합니다.

이것을 자아自我, '개별적인 내가 있다'는 개아個我, '내가 있다'는 아상我想이라고도 부릅니다. 그런데 그것은 인연과 조건에 따라 나툰 몸뚱이를 보고 나라고 착각하는 것입니다.

— 맞는 말씀이지만 몸뚱이가 나라는 생각을 떨쳐버리기 힘듭니다.

안 보고 듣고 말하고, 생각이나 감정을 일으킬 때 '하는 자가 있다, 독립된 개체가 있다, 내가 있다'라고 하는 것이 뒤바뀐 생각입니다. 내가 있으면 너가 있고, 나와 나 아닌 것으로 나누게 됩니다. 그래서 나와 내 것, 너와 네 것이 생기고, 얻을 바所得가 생겨 애정과 증오, 갈등과 시비와 싸움이 일어납니다. 이렇게 '내가 있다'라는 한 생각에서 모든 것이 벌어지는 것이지요.

— '내가 있다'란 생각이 그리 중요한지 몰랐습니다.

파도 이야기

큰 파도, 작은 파도는 무엇입니까?

물입니다.

그러면 물과 파도는 둘입니까?

둘이면서 하나입니다.

절대성과 상대성이 둘입니까?

둘이면서 하나입니다.

몸뚱이와 절대성은 둘입니까?

…

안 우리는 몸뚱이를 나라고 착각하기 때문에 이해가 잘 되지 않습니다. 인연과 조건에 따라 큰 파도, 작은 파도가 일어나도 파도는 물의 작용입니다. 파도의 바탕이 물인 것처럼, 모든 상대성의 바탕은 절대성입니다.

만약 '모든 모습은 인연과 조건으로 생긴 절대성의 작용이구나! 진짜 나는 절대성이구나! 몸뚱이는 절대성의 작용이구나!' 이렇게 알고 믿고 행동한다면 인생 문제가 해결됩니다. 하지만 처음엔 쉽지 않을 것입니다.

변하지 않는 '모습 없음'을 드러내는 중요한 문이 무엇입니까?

변하는 모습입니다.

진짜 나를 찾는 문이 무엇입니까?

변하는 나의 몸과 마음입니다.

3. 일체만법 허공성虛空性

일체萬법은 허공성이다

허공중에 일체 만법이 이루어져. 별·달·지구·태양·자갈·나무·모래 등 뭣이든 허공성이여. 사람·산·물·초목·새도 전부 허공성이거든. 깨달은 마음·미한 마음·탐진치·계정혜戒定慧, 어느것 허공성 아닌 것이 없어.

이 이치만 알아서 허공성, 절대성, 평등성 자리에서 앉아.

평등성도 허공성, 절대성도 허공성, 상대성도 허공성이라. 전부 허공성 놀음이야. 여러분이 단정(결정)해서 그대로 (밀고) 나아가기만 하면 문제가 달라져.

　나는 '허공성'을 주로 해서 가는 사람이여.

　'나는 허공성이다.' 이거 하나예요. 내 살림이에요.

안　백봉선생님이 왜 그렇게 허공성을 강조했을까요? 허공성은
　　공부의 중요한 요체이기 때문입니다.

―　허공성이 어떤 개념인지 쉽게 잡히진 않습니다.

안　허공중에 인연과 조건으로 생긴 모든 모습, 즉 상대성은 전
　　부 허공성입니다. 허공성은 절대평등성입니다.

―　절대평등성이란 말도 어렵습니다.

안　조그만 티끌 하나도 없는 것이 절대평등성입니다.

―　그렇다면 절대성도 허공성입니까?

안　만약 절대성에 정해진 무엇이 있다면 인연과 조건에 따라
　　자유롭게 모습을 나투지 못할 것입니다. 따라서 절대성도
　　허공성입니다.

―　모든 모습을 나툴 수 있는 절대성은 영원불변한 무엇이 있
　　는 것 아닐까요?

안　영원하다는 것은 변하지 않는 것이고, 변하지 않으려면 모
　　습이 없어야 됩니다. 허공성이니까 인연과 조건에 따라서

한 털끝도 틀림없이 온갖 모습을 나툴 수 있습니다.

— 좀 전에 상대성도 허공성이라 하셨습니다.

안 상대성은 절대성에서 왔습니다. 따라서 상대성도 허공성입니다. 그런데 상대성은 인연과 조건에 따라 나툰, 자체성이 없고 변하고 머물 수 없는 가짜입니다. 그래서 전부 허공성 놀음이라고 하는 것입니다.

그래서 항상 허공성, 절대성, 평등성에 앉아서 모든 모습을 잘 굴리는 것이지요.

— '항상 허공성, 절대성, 평등성에 앉는다'는 것이 어떤 의미입니까?

안 우리는 변하는 모습에만 들어앉아 있기 때문에 모습을 나툰 바탕을 잊어버리고, 온갖 뒤바뀐 생각으로 번뇌를 일으키고 괴로움 속에 있습니다.

그러니 변하는 모습의 바탕인 '허공성, 절대성, 평등성 자리에 있자'는 말입니다. 다시 말하면 '전체성에 있자'는 말이라고도 할 수 있습니다.

백봉선생님의 '타이어 법문'을 들으면 이해가 한결 쉬울 것입니다.

🪷 타이어 법문

타이어 안에 있는 공기는 같은 공기이지만 타이어가 뚫어져서 여기 저기 구멍이 나면, 그 구멍에서 '삐'하고 큰 소리가 나거나 작은 소리가 나는 것은 다 달라. 공기가 구멍을 통해서 나오는 소리는 다 다르지만 공기는 하나예요.

안 타이어 안에 공기가 가득 차 있습니다. 만약 타이어에 구멍이 나면, 그 모양에 따라 '삐, 빼, 뿌~' 하고 각각 다른 소리가 날 겁니다. 소리가 다 다른 것은 타이어에 난 구멍의 모양 때문입니다. 공기가 다른 것이 아니란 말입니다.

— 네. 그렇습니다.

안 그런데 우리는 타이어 안의 공기는 잊어버리고, 다르게 나타나는 소리에만 관심이 있습니다. 그뿐만 아니라 그 소리가 본래 있는 것이라 착각합니다.

— 소리만 듣고 그 바탕인 공기는 생각해 보지 않았습니다.

안 타이어 구멍에 따라 나는 소리는 본래 있는 것이 아닙니다. 구멍에서 나는 소리는 다 달라도 그것은 타이어 안에 있는 공기가 빠져 나오는 소리입니다.
모든 모습이 인연과 조건에 따라 다 다르게 나투어도, 그것은 그 바탕인 절대성의 작용입니다. 그래서 모두 '허공성의 놀음'이라고 하는 것입니다.

🪷

법신이 이런 저런 씀씀이를 해도 전부 허공성이여. 우리가 절대성
인 허공성에 앉아서, 허공성 중에 한 생각을 일으켜서 이런 놀이 저
런 놀이를 해. 원래 허공성이기 때문에 능히 남자 몸을 받을 수 있
고, 여자 몸을 받을 수 있어. 또 허공성이기 때문에 능히 착할 수 있
고, 악할 수 있거든. 허공성이기 때문에 변해.

밝은 것도 허공성, 어두운 것도 허공성이기 때문에, 밝은 것이 오
면 밝은 그대로 살림살이가 이루어지고, 어두운 것이 오면 어두운
그대로 살림살이가 이루어져. 밝은 것과 어두운 것이 조금도 충돌이
안 돼. 앞으로 무슨 설법이 나오든지 전부 허공성으로 보라 말이여.
허공성이기 때문에 일체만법이 그 인연에 따라서 머리털 하나도 속
임 없이 이것도 이루어지고 저것도 이루어져.

안   백봉선생님은 우리가 허공성 중에 한 생각을 일으켜서 이런
     놀이 저런 놀이를 한다고 말했습니다.
     우리는 각각의 인연과 조건에 따라 몸뚱이를 다르게 나투어
     서, 기쁘고 슬프고 좋고 싫은 생각을 일으키면서 인생살이
     를 하고 있습니다. 그런데 우리는 몸뚱이를 나툰 절대성 자
     리는 까맣게 잊어버리고, '몸뚱이가 나다, 내가 있다'라고 생

각하기 때문에 이 말씀을 이해하기 어렵습니다. 몸뚱이는 자체성이 없고 변하고 헛것이고 머물 수 없는 모습입니다.

— '몸뚱이가 나다'라는 뒤바뀐 생각을 어떻게 놓을 수 있을까요?

안 진짜 나는 일체만법을 나툴 수 있는 '절대성, 허공성'이라는 점을 분명하게 이해해야 합니다. 절대성도 허공성, 상대성도 허공성입니다. 전지전능한 신이나 영원불변한 어떤 실체가 있다고 생각하는 것은 '모습놀이'입니다.

— 모습놀이가 무엇입니까?

안 변하고 가짜인 모습을 '진짜다, 실체가 있다'라고 착각하여, 모습에 집착하고 들어앉아서 보고 듣고 말하고 생각하고 행동하는 것입니다. 그래서 사실대로 잘 알아서 모습을 잘 굴려야 되는 것입니다.

— 그렇다면 상대성을 버리고 절대성을 취해야 하는 건가요?

안 '상대성은 절대성에서 온다, 절대성이 상대성을 굴린다'고 하니까 우리는 절대성을 만들어서 거기에 또 들어앉습니다. 절대성은 상대성의 바탕이고, 상대성은 절대성의 작용입니다. 절대성과 상대성은 둘이 아닙니다.

— 그렇군요. 하지만 일체만법이 허공성이라니 좀 허무하다는 생각도 듭니다.

안 '일체만법이 허공성'이란 말을 '없다'라고 해석하면, 처음에는 허무하다고 생각할 수 있습니다. 그것을 단멸상斷滅相이라고 합니다. 수차례 말하지만 우리는 늘 모습에 들어앉아 모습이 진짜라고 착각하기 때문입니다. 다시 생각해보면 허공성이기 때문에 인연과 조건에 따라 한없는 다른 모습을 나툴 수 있지 않겠습니까?

— 글쎄요.

안 허무하다고 생각하는 것은 누구입니까?

— 나입니다.

안 나라는 것은 어떤 나를 말하나요?

— 나는 그냥 나 아닌가요?

안 그렇게 생각하는 것은 '고정불변하고 독립적이고 개별적인 내가 있다'라고 하는 아상我想에 바탕하고 있습니다. 아상은 마치 도깨비풀처럼 어디든지 달라붙어서 자꾸 커집니다. 그러나 아상은 달라붙을 것이 없으면 스스로 사라집니다. 그 어떤 모습도 개별적이고 고정불변하고 독립적인 실체가 없습니다.

— 그러면 아상이란 있는 것입니까, 없는 것입니까?

안 아상은 가짜입니다. 실체가 없습니다. 그러나 우리가 '몸뚱

이가 나다'라는 생각에 들러붙으면 아상이 있는 것으로 착각
하게 됩니다.

— 많은 경전에서는 아상을 내려놓으라고 하지 않습니까?

안 '아상을 내려놓으라'는 말은 그것이 실체가 있다는 것이 아닙
니다. 아상이 실체가 없고 가짜라는 것을 알라는 것입니다.
마음공부는 그 어느 모습에도 머물지 않는 '정한 법이 없는
무유정법無有定法'이며, 무한한 '공덕장功德藏'입니다.
허공성이기 때문에 변하고, 허공성이기 때문에 일체만법이
그 인연에 따라서 머리털 하나라도 속임 없이 인과가 분명하
게 굴려집니다. 허공성이기 때문에 인과에 어둡지 않습니다.

— 인과에 어둡지 않다는 말씀이 무엇인지 궁금합니다.

안 원인에 따라 결과가 한 치도 틀림없이 나타난다는 것입니
다. 좋은 일을 하면 좋은 결과가 나타나고 나쁜 일을 하면
나쁜 결과가 나타나는 것과 마찬가지입니다.

— 허공성이기에 인과가 분명하게 굴려진다는 의미도 설명해
주십시오.

안 새벽이 되면 밝음이 오고, 밤이 되면 어둠이 옵니다. 우리는
밝음과 어둠이 실체가 있는 것으로 생각하지만, 밝음과 어
둠은 인연과 조건에 따라 일어났다, 인연과 조건이 다하면

사라지는 모습입니다. 따라서 밝음과 어둠은 허공성이므로 서로 충돌하지 않습니다.

남자와 여자, 선과 악, 좋다 싫다 하는 것도 전부 허공성입니다. 따라서 머리털 하나라도 속임 없이 인과가 분명하게 굴려지는 것입니다. 그러므로 어떤 법문을 보고 듣더라도 모두 '허공성'으로 보아야 합니다. 만약 말마디에 들어앉으면 공부 방향이 어긋나 버립니다.

밝음과 어둠 이야기

낮에 암실에 들어가면 어둡고, 밤중에 불을 켜면 밝습니다.

밝음 속에 어둠이 있고, 어둠 속에 밝음이 있습니다.

밝음과 어둠은 실체가 없습니다.

인연과 조건에 따라서 밝음도 나투고, 어둠도 나툽니다.

밝음과 어둠은 허공성입니다.

허공성이 바탕이 되어야 한다

견성見性, 성품을 봤다는 것은 허공성 보는 거여. 다른 거 아무것도 없어. 우리가 허공성을 보아야만 온 누리의 진리라고 할 수 있는데, 진리 자체가 바로 허공성이라.

이걸 확실히 파악해야 그때 가서 가짜 놀이가 돼. 물론 우리가 가짜 놀이를 굴리더라도 허공성이라. 우리가 이 공부를 하려면 전부 허공성이라는 것이 바탕이 돼야 돼. 이것이 절대성 자리인데, 이것을 바탕으로 삼으면 공부하는 데 그대로 돼. 남한테 속을 것이 하나도 없어.

— 견성이란 것이 허공성을 보는 것이라니, 생각도 못해 보았습니다.

안 바탕인 절대성도 허공성이고, 그 바탕에서 인연과 조건으로 생긴 상대성도 모두 허공성입니다. 이것을 스스로 깨달아서 스스로 증득하는 것이 견성見性입니다. 그래서 '견성, 성품을 봤다는 것은 허공성 보는 것'이라고 말하는 것입니다.

잊지 마십시오. 진리 자체가 허공성입니다. 일체의 모든 모습은 허공성의 나툼입니다. 만약 허공성에 들어앉으면 허공성이 상대성이 됩니다. 전부 모습놀이가 됩니다. 허공성을 파악해야 모습을 잘 굴릴 수 있습니다.

허공이 하나니 지도리가 하나요,
지도리가 하나니 생명이 하나다.

— 세상 사람들은 보통 진리라고 하지 않나요? 지도리는 무엇 인가요?

안 백봉선생님은 진리라는 말 대신에 지도리樞라는 말을 썼습 니다. 진리라고 하면 '참된 이치'를 말하는데, 일단 '참'이라 고 말하면 상대적인 '거짓'이 있게 돼서 '거짓된 이치', 즉 가 리假理가 있게 됩니다. 그러면 상대성이 됩니다.

지도리는 절대성입니다. 누리의 알맹이는 지도리라고 해야 한다고 말했습니다. 지도리는 절대의 자리이며, '허공이 하 나'라는 것도 절대에 속합니다.

— 우리가 바르게 공부하려면 어떻게 해야 하나요?

안 생멸이 없는 절대성, 허공성을 바탕으로 공부해야 합니다. 부처님께서는 태어나고 없어지는 '몸뚱이 나(망심)'로 공부한 다면 '모래로 밥을 짓는 것과 같다'고 말씀하셨습니다. 모래 로 밥을 지을 수 있습니까?

— 없습니다.

안 누가 공부합니까?

— 내가 공부합니다.

안 어떤 내가 공부합니까?

— 잘 모르겠습니다.

안 몸뚱이는 무정물입니다. 자체 지혜가 없기 때문에 공부를 할 수 없습니다. 바로 여러분의 절대성, 허공성이 공부합니다.

— 그 점이 이해가 잘 되지 않습니다. 왜 그럴까요?

안 '몸뚱이가 나다'라는 착각 속에 있었기 때문입니다. 몸뚱이를 나툰 바탕을 잊어버리고 변하는 모습에만 들어앉아 있었기 때문입니다. 뒤바뀐 생각으로 자기에게 속으니까 남에게도 속습니다. 그래서 아상에서 일어난 욕심과 성냄과 어리석음에 꼼짝달싹할 수 없을 뿐만 아니라, 종교의 신비화에도 속게 됩니다.

삼재三災 이야기

친구 세 명이 길을 가고 있었습니다. 그중 한 명이 말합니다.
"나, 올해 삼재라고 해. 어떡하지?"
또 한 명이 말합니다.
"우리 딸도 삼재래!"
나머지 한 명이 말합니다.
"욕심내고, 성내고, 어리석으면 항상 삼재여!"

— 절대성, 허공성을 바탕으로 공부하면 어떻게 됩니까?

안 처음 공부를 시작하는 자리와 깨닫는 자리가 같습니다.

진짜 나는 모습이 없기 때문에 태어나고 죽는 것이 없고 변하려야 변할 것이 없습니다. 그래서 안 하는 공부를 하게 됩니다.

— 반대로 상대성을 바탕으로 공부한다면요?

안 전부 다 모습놀이가 되는 것이지요. 따라서 바르게 공부할 수가 없습니다. 이미 방향이 어긋났기 때문입니다. '몸뚱이 나'로서 공부를 하면 모습에 들어앉아서 가짜인 모습에 더욱 집착하게 됩니다.

그래서 쌓는 공부를 하게 되고, 아만상만 더욱 키우게 됩니다. 우리는 몸뚱이를 나로 착각하기 때문에, '몸뚱이 나'를 잘되게 하려고 온갖 짓을 다 합니다. 몸뚱이도 허공성입니다. 전부 허공성을 바탕으로 해야 바르게 공부할 수 있고, 바른 삶을 살 수 있습니다.

'우리가 이 공부를 하려면 전부 허공성이 바탕이 되어야 한다'는 백봉선생님의 말씀은 매우 중요하고 또 중요합니다. 꼭 기억해야 합니다.

나는 허공으로서의 나다

그러니 내가 여러분에게 언제나 '허공으로서인 나로 알아야 되지 색신(몸뚱이)으로서인 나로 알지 말아라' 하는 말이에요. 이제는 우리가 의심을 놓아야 돼. 허공성이 내 주인공이고, 바로 내라. 그 이외에 뭐 나타나고 하는 것은 전부 가짜라. 가짜놀이 하는 데 우리는 들어가지 말자 이거예요. 들어앉으려고 해 보아도, 그 자체가 상대성으로 자꾸 변하기 때문에 들어앉지도 못할 뿐만 아니라, 걷어잡지도 못하는 것이 사실 아닌가? 그래서 절대로 관념으로 뭘 믿지 마라. 불교도 관념으로 믿지 마라. 불교를 관념으로 믿어서 어찌할 거여. 그러면 살고 죽는(생사) 문제가 해결이 안 돼. 어디까지라도 이론적으로 과학적으로 해야 돼.

— 가짜놀이란 앞서 말씀하신 모습놀이와 같은 의미입니까?

안 그렇습니다. 우리는 변하는 가짜를 진짜로 알고 가짜에 들어앉아 모습놀이를 합니다.

— 모든 모습이 가짜란 말씀이군요.

안 여태까지 우리는 몸뚱이가 변하는 가짜인 줄도 모르고, '몸뚱이로서의 나'인 줄만 알았습니다.

— 네. 그렇습니다. 줄곧 몸뚱이가 나라고 동일시하며 살았습

니다.

안 몸뚱이는 자체성이 없고 변하고 헛것이고 머물 수 없는 것입니다. '몸뚱이로서의 나'는 시공간이 들러붙어서 잠시도 쉬지 않고 변합니다. 그래서 걷어잡을 수도 없습니다. '허공으로서의 나'는 시공간이 끊어졌기에 변할 것이 없습니다. 그러니 진짜 나는 '허공으로서의 나'입니다.

— '허공으로서의 나'가 진짜 나라고 하니 어리둥절합니다.

안 공부를 시작할 때 제일 먼저 내가 '몸뚱이로서의 나'인지 자세히 관찰하고 탐구해 보아야 합니다. 그러면 '몸뚱이로서의 내'가 아니라는 사실을 점차 알게 될 것입니다. 처음엔 진짜인 '허공으로서의 나'와 가짜인 '몸뚱이로서의 나'를 구별해서 공부하지만, 결국엔 몸뚱이도 허공성, 허공도 허공성입니다. 따라서 나중에는 '몸뚱이 이만 이대로 허공으로서의 나'입니다.

— 정말 그렇게 될까요?

안 처음부터 진짜와 가짜를 잘 구별해서, '몸뚱이로서의 내'가 아니라 '허공으로서의 나'를 의심하지 않고 믿고 결정해서 들어가면 공부의 방향을 바로 잡고 나아갈 수 있습니다.

— 그럼 상대성인 가짜를 버려야 합니까?

안 가짜를 버리고 진짜를 찾는 것이 아닙니다. 모습을 잘 관찰하면 늘 변하기 때문에 머물 수 없다는 것을 알게 됩니다. 변하는 가짜에 들어앉지 않고 머물지 않으면, 진짜가 드러납니다. 그래서 진짜인 바탕자리에서 가짜를 잘 굴리는 것이지요.

● 일상생활 속에서 '허공으로서의 나'

— 저는 돈을 벌어서 생계를 유지하고 아이들도 키워야 됩니다. '허공으로서의 나'가 일상생활에서 어떻게 적용되는지 궁금합니다.

안 실제로 '허공으로서의 나'만 되뇌이면서 아무것도 하지 않는 분이 계셨습니다. '허공으로서의 나'는 아무것도 하지 않는 것이 아닙니다. 만약 그렇게 한다면 분명 잘못된 것입니다. 만약 내가 '허공으로서의 나'라면 상대방인 '너'는 어떻게 될까요?

— '허공으로서의 너' 아닙니까?

안 그러면 '허공으로서의 나'와 '허공으로서의 너'를 구별할 수 있을까요?

— 허공은 아무런 모습이 없는데 그 둘을 어떻게 구별할 수 있겠습니까?

안 그렇습니다. 가정이나 사회생활을 할 때 '허공으로서의 나'라고 하면, 인연과 조건에 따라 일어나고 사라지는 여러 상황에 들어앉지 않고, 그것을 사실 그대로 볼 수 있게 됩니다.

— 좀 더 자세히 설명해주십시오.
안 모든 모습은 허공성의 작용이므로, 그 작용은 인연과 조건
에 따라 한 치도 틀림없이 일어났다 사라질 뿐입니다. 거기
에 '몸뚱이 나'나 '하는 자'는 없습니다. 그런데 우리는 항상
'내가 한다'라고 착각을 합니다.

— 착각에서 벗어나면 일상생활 속에서 어떻게 적용이 됩니까?
안 부부, 자녀, 인간관계, 사건이나 일을 대할 때, 각각 인연과
조건에 따라 일어났다 사라지는 작용임을 관찰하고 거기에
내가 없음을 통찰할 수 있습니다.
'인연과 조건에 따라 서로 다르고 변한다'는 것을 알고 인정
함으로써, 자기가 이미 가지고 있던 선입관이나 고정관념으
로 그것을 왜곡시키지 않게 됩니다.

— 있는 그대로 볼 수 있다는 말씀이군요.
안 그렇습니다. 또한 일정 거리를 둔다는 얘기도 됩니다. 일이
나 관계에서 일어나는 것에서 멀리 떨어져 거리를 두면서
객관적으로 볼 수 있는 힘이 생깁니다. 자연스럽게 긍정적
이 되고 소통할 수 있게 됩니다.
— 그렇게 되면 많은 인생사가 해결될 것 같습니다.

안　다시 예를 들어보겠습니다. 아버지와 아들이 대화를 합니
　　다. 아버지는 거실 창을 통해서 바깥 경치를 보고, 아들은
　　자기 방의 창에서 바깥 경치를 봅니다. 그러면 아버지와 아
　　들이 보는 경치가 같을까요?

─　다릅니다.

안　아버지와 아들은 같은 집에 있으나 보는 위치도 다르고 관
　　심도 다르므로, 각자가 보는 경치도 다를 것입니다. 그런데
　　자기가 보는 경치를 고집한다면 어떻게 되겠습니까?

─　대화가 안 됩니다.

안　각자가 보는 경치가 '다르고 변한다'는 것을 서로 인정하게
　　되면, 자기가 보는 경치에서 한 걸음씩 물러나서 상대방이
　　보는 경치가 어떠한가를 물어보고 듣게 됩니다. 자연스럽게
　　상대방의 말을 경청하게 되고, 소통하게 됩니다. 그러면 아
　　버지와 아들이 함께 집 밖으로 나가 전체 풍경을 같이 볼 수
　　있게 되지 않겠습니까?

─　그럴 수 있겠습니다.

안　이러한 지혜는 삶의 전반에 영향을 끼칩니다. 마음공부는
　　자신이 의식적이거나 무의식적으로 가지고 있던 고정된 틀
　　을 스스로 알아차리고, 그것에서 벗어나는 공부입니다.

— 마음공부가 실제 생활에도 큰 영향을 미칠 수 있는 거로군요.

안 물론 오랜 습관 때문에 처음에는 잘 되지 않습니다. 하지만 꾸준히 연습하면 절대성, 허공성에 앉아서, 인연과 조건으로 생긴 자체성이 없고 변하고 헛것이고 머물 수 없는 모습을 잘 굴리게 될 것입니다.

모습 없는 절대성자리도 걷어잡을 수 없지만, 인연과 조건으로 일어났다 인연과 조건이 다하면 사라지는 모습도 쉬지 않고 변하기 때문에 걷어잡을 수 없습니다. 그런데 사람들은 모습을 걷어잡을 수 있다고 착각합니다. 대표적인 예가 '몸뚱이가 나다' 하는 것입니다. 몸뚱이는 쉬지 않고 변하는데 어느 몸뚱이를 걷어잡고 나라고 할 수 있겠습니까?

— 그래도 몸뚱이가 나라는 생각이 자꾸 들 때는 어찌해야 할까요?

안 '몸뚱이가 나다, 아니다'라고 관념적으로 생각하지 말고 실제로 나의 몸뚱이가 어떻게 생겼으며, 어떻게 변하며, 어떤 속성을 가지고 있는가를 잘 관찰하는 것이 중요합니다.

우리는 이미 '몸뚱이가 나다'라는 나의 입장(생각), 혹은 우리의 입장에서 자신을 보고 있습니다. 몸뚱이를 잘 관찰해서, 나와 우리가 가지고 있는 고정관념의 실체를(고정관념이 사실인지 아닌지) 확인하는 것이 먼저입니다.

— '몸뚱이가 나다'라는 것을 진짜 믿으면 어떤 일이 벌어지나요?

안 머물 수 없는 것에 머물면 괴로움입니다. 자기의 고정관념에 스스로 속을 뿐만 아니라, 이러한 무지 때문에 남에게도 속기 쉽습니다. 실제로 내 몸뚱이를 잘 관찰하여 그것이 변하고 헛것인 이치를 알고, 일체 만법이 전부 허공성임을 알아서 그 어떤 모습에도 머물지 않아야 합니다.

— 그러면 어떻게 공부해야 합니까?

안 공부는 생활 가운데서 구체적이고 실질적으로 해야 합니다. 변하는 몸뚱이와 눈으로 보는 빛깔, 귀로 듣는 소리, 냄새, 맛, 감촉, 생각, 감정 등을 걷어잡고 잘 관찰해서, 사실대로 알고 그대로 실천해야 합니다. 관념으로 믿거나 뜬구름을 잡거나 신비화해서는 안 됩니다.

백봉선생님은 "사실을 사실대로 알아서, 사실을 사실대로 행하는 것이 불법이다"라고 했습니다. 그리고 '이치와 사리에 딱딱 맞는 것'을 과학적이라 하였습니다. 항상 다음의 질문을 스스로에게 하고 자신을 자세히 관찰해야 합니다.

세상에 나 아닌 사람은 아무도 없다.

무엇을 나라고 하는가?

그 나가 진짜인가? 가짜인가?

변하는 것인가? 변하지 않는 것인가?

머물 수 있는 것인가? 머물 수 없는 것인가?

어떤 짓을 하고 있는가?

— 생활 속에서 모든 모습을 잘 관찰하란 말씀을 명심하겠습니다.
안 네. 그래야 합니다. 관찰하면 모든 모습은 전부 허공성임을
   알게 됩니다.

● 나를 두면 일체만법이 벌어진다

내가 백천만 가지를 말해 봤든 그것도 허공성이라. 석가세존이 사
십 구년 동안 말씀하신 것도 허공성 아닌 것이 없거든.

오늘 저녁 이거 무슨 놀음이냐? 허공성 놀음이에요. 허공성이 이
런 걸 나투었어.

선생, 학생들을 나투었어. (이거 전부) 허공성 놀음이에요.

그러나 어리석은 사람들은 몸뚱이 나투기 전 소식을 모르기 때문
에, 전부 몸뚱이를 진짜 내라고 하네. 물론 이것도 허공성이지. 하
나의 모습놀이라. 모습이 있는 데는 시공간이 들러붙고 생사가 들러
붙고, 천당 지옥이 들러붙어. 그러기 때문에 '나는 허공성이다' 이
렇게만 아세요. 나는 이것에 절대로 자신을 가졌어요. 이 자신이 없
으면 내가 이 자리에 못 앉아 있어요.

— 많은 스승들이 이것을 전하기 위해 애쓰셨던 것이로군요.

안 부처님께서도 중생들을 깨달음으로 인도하기 위하여 온갖 방
    편을 다 쓰셨습니다. 물론 설법도 방편입니다. 방편을 통해
    서 진리를 드러내는 것이니까요. 방편은 달을 가리키는 손가
    락이지 달은 아닙니다. 만약 손가락을 달로 착각한다면 손가
    락도 정확하게 모를 뿐 아니라, 달은 더욱 모르는 것입니다.

— 네. 맞는 말씀입니다.
안 우리는 몸뚱이가 태어나서 변하고 사라지는 과정을 잘 알지
    만 나라고 착각합니다. 지금 내가 하는 말은 몸뚱이를 함부
    로 하라는 것이 절대 아닙니다. 사실을 사실대로 잘 알아서
    몸뚱이를 잘 굴리자는 얘깁니다. 몸뚱이가 나란 착각에서
    벗어나려면 다음과 같은 질문이 도움이 될 것입니다.
    몸이 나기 전에 나는 어디에 있었습니까?
    몸이 죽고 나면 나는 어디로 갑니까?
    모습에는 시공간이 들러붙습니다. 과거 현재 미래가 있고,
    여기저기가 있습니다. 모습이 없으면 언제 어디라는 말이
    들러붙지 않습니다.
    변할 것이 없는 진짜 나는 '지금 여기(Now & Here)'입니다.
    여기서 진짜 나를 찾는 문이 열립니다.

— 진짜 나는 시공간이 끊어진 절대성, 허공성이란 말씀이로군요.
안 그런데 보통 사람들은 '이 몸이 어디서 왔는가?' 하는 '몸뚱

이의 앞소식'에 대해서 생각해 보지 않습니다.

— 저 역시 그랬습니다.

안 허공중에 나타난 모든 모습, 또한 우리가 살아가는 모든 모습이 허공성의 놀음, 작용입니다. 즉 '나는 허공성'입니다.

🪷

모든 것이 일어나는 것은 유아有我, 나를 두기 때문에 일어나는 거예요. 나를 두니 네가 있어. 네가 있으니 일체만법이 벌어지거든. 그러나 나 역시 허공성인 줄 확실히 안다면 너도 허공성이거든. 상대편 맞서는 자리도 허공성이거든. 그럼 일체만법도 허공성이라. 허공성이라는 것이 바탕이 됨으로써 산은 산대로 나타나고 물은 물대로 나타나.

만약 우리 본래의 성품자리, 법신자리가 무슨 모습이 있으면 다른 걸 나툴 수 없어. 그것밖에는 못 나투는 거여. 이건 어떤 거라도 나툴 수 있어. 그렇게만 알면 돼요.

안 가도 가도 끝없는 허공중에 '나다, 내가 있다' 한 생각이 일어나면, 그만 '나'라는 경계선을 허공중에 딱 그어버립니다.

— 경계선을 그으면 어떻게 됩니까?

안 모든 것이 나와 나 아닌 상대로 나뉩니다. 그래서 나는 경계선의 안이 되고, 나 아닌 상대는 경계선의 밖이 됩니다. 나와 나 아닌 상대는 어디에 있습니까?
— 허공중에 있습니다.

안   안과 밖은 어디에 있습니까?
— 허공중에 있습니다.

안   허공중에 안과 밖이 있습니까?
— 아, 없습니다.

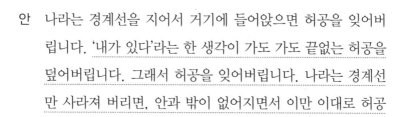

안과 밖 이야기
종이에 동그라미를 그려봅시다.
동그라미 안쪽은 안이 되고 동그라미 바깥쪽은 밖이 됩니다.
동그라미는 어디에 있습니까?
안과 밖은 어디에 있습니까?
종이에 안과 밖이 있습니까?

안   나라는 경계선을 지어서 거기에 들어앉으면 허공을 잊어버
     립니다. '내가 있다'라는 한 생각이 가도 가도 끝없는 허공을
     덮어버립니다. 그래서 허공을 잊어버립니다. 나라는 경계선
     만 사라져 버리면, 안과 밖이 없어지면서 이만 이대로 허공

입니다. 정말 중요한 점입니다.

— 그런데 나라는 경계를 짓고 있다는 것을 어떻게 알 수 있을
  까요? 그것을 알 수 있어야 "아, 나라는 경계를 지었구나!"
  하고 알 수 있지 않겠습니까?

안 '나와 너, 내 것과 네 것, 있다 없다, 옳다 그르다, 좋다 싫
  다'라고 둘로 보는 것이 바로 경계를 짓는 것입니다.
  그렇다고 아무런 판단도 하지 않는 바보가 되라는 말이 아
  닙니다. 어떤 때는 '좋다' 하고, 어떤 때는 '싫다' 하는 것은
  누가 합니까?

— 내가 합니다.

안 어떤 내가 합니까?

— 글쎄요.

안 '좋다 싫다' 하는 느낌은 늘 좋고 싫은 것이 아닙니다. 인연
  과 조건에 따라 일어났다 인연과 조건이 다하면 사라집니다.

— 네. 그렇습니다.

안 '좋다 싫다' 하는 것은 변하기 때문에, 고정되어 있지 않으므
  로 실체가 없습니다.

— 네. 이해됩니다.

안　따라서 '좋다 싫다' 하는 것은 좋은 것도 아니고 싫은 것도 아닙니다.

─　네? 그게 무슨 뜻입니까?

안　거기에 좋다 싫다 하는 '하는 내'가 없습니다.

─　'하는 내'가 없으면 어떻게 좋다 싫다 할 수 있습니까?

안　몸뚱이는 자체 지혜가 없는 무정물이기 때문에 좋다 싫다 할 수 없습니다. 그런데 우리는 좋다 싫다 하는 '하는 내'가 있어서 좋다 싫다가 '내 것'이 되어 버립니다.
　　그래서 거기에 쏙 들어앉아 수많은 파생된 감정과 생각을 만들면서 휩쓸려 들어갑니다. 좋다 싫다 하는 것이 내 것입니까?

─　글쎄요. 내 것이라기보다 내 생각 아닙니까?

안　그러면 싫다고 할 때 '싫어하지 마라'고 하면 싫어지지 않습니까?

─　아닙니다.

안　좋다고 할 때 '좋아하지 마라'고 하면 좋아지지 않습니까?

─　아닙니다.

안　그러므로 좋다 싫다 하는 생각은 내 것이 아닙니다. 감정도 마찬가지입니다. 인연과 조건이 있으면 일어났다 인연과 조건이 다하면 사라지는 모습입니다.

— 말씀을 듣고 보니 생각과 감정이 내 것이 아닌 것 같습니다. 그러면 생각과 감정이 일어날 때 어떻게 해야 합니까?

안 낚시로 물고기를 잡아 올리듯이, 좋다 할 때 '인연과 조건으로 생긴 좋다! 변한다 헛것이다 머물 수 없다!' 싫다 할 때도 '인연과 조건으로 생긴 싫다! 변한다 헛것이다 머물 수 없다!' 하면서 좋다 하는 것도 내려놓고, 싫다 하는 것도 내려놓습니다. 생활 속에서 스스로 연습해 보아야 이 말이 이해되고 느껴집니다. 이것이 관찰이고 공부입니다.

— 네. 해 보겠습니다.

안 몸뚱이가 쉬지 않고 변하지만 나와 동일시하고, 또한 변하는 경계에 따라 일어나는 망심妄心을 내 마음이라고 착각합니다. 그래서 개별적이고 고정불변하고 독립적인 '내가 있다'라고 뒤바뀐 생각을 합니다. 내가 있으면 너가 있고, 내 것과 네 것이 생깁니다. 그래서 일체만법이 벌어집니다.
내가 허공성이면 일체만법도 모두 허공성입니다.

— 네. 이해됩니다.

안 '산은 산이요, 물은 물이다'라는 유명한 말이 있습니다.

— 네. 들어 보았습니다.

안   처음에는 산과 물을 진짜로 봅니다. 그 다음은 인연과 조건
     으로 생긴 산과 물을 헛것, 빈 것으로 봅니다. 그 후 다시 되
     돌아서 산과 물이 허공성의 작용으로서 되살아납니다.

견성 見性

허공성에 대해서 여러분들이 자신을 딱 가진다면 바로 견성이여.
여러분들이 자신을 딱 가진다면 이 자리에 가만히 앉아서 가도 가도
끝없는 누리 전체를 알지 않겠어요?

  욕계, 색계, 무색계도 허공성이라. 허공성에서 이루어진 사실 아
닌가?

  장엄불토도, 지옥 천당도 허공성으로 이루어진 사실 아닌가? 물
위에 물거품과 같이, 허공중에 뜬 구름과 마찬가지 아닌가? 이리하
면 벌써 나의 본래의 법신, 법신이라 할 것도 없는 진짜 나를 찾아내
거든. 진짜 나는 바로 허공이기 때문에 이런 것도 나투고, 팔도, 손
도 이렇게 하잖아? 만약 허공이 아니면 내 맘대로 손이 못 가. 그러
니 우리의 몸도, 마음도 허공성 아닌 것이 없어. 여러분들이 허공성
에 대해서 실감만 온다면 춤출 거여.

안   백봉선생님 말씀처럼, 견성은 바로 허공성을 드러내는 것입

니다. 이 자리에 가만히 앉아서 가도 가도 끝없는 누리 전체를 알게 됩니다. 어떻게 그럴 수 있는지 아시겠습니까?

— 글쎄요.

안 오랫동안 '몸뚱이 나'에 들어앉아서 이 말이 잘 이해되지 않습니다. 또한 욕계, 색계, 무색계, 장엄불토, 지옥 천당, 그 크기가 너무 커서 생각조차 할 수 없을 뿐만 아니라, 나와는 전혀 상관없는 일이라고 생각합니다.

— 네. 가늠이 되지 않습니다.

안 '진짜 나는 본래 모든 모습을 나투는 모습 없는 법신이다, 몸뚱이는 작용이다' 하면 이 사실이 이해되면서 파악됩니다. 그러면 본래 진짜 나, 법신을 드러낼 수 있습니다.

🪷

너희들은 뭣인가 딴 걸 찾고 있어. 딴 걸 찾으면 그것이 하나의 장벽이 돼. 네가 찾는 그 놈이 그 놈인데, 본래 그 소식을 네가 못 깨닫는다 말이여.

찾는 그 놈이 그 놈인 줄 왜 모르냐 말이여!

찾아봤든 허공성이고, 찾는 그것도 허공성이라.

안 여러분들은 다른 무엇을 찾고 있습니다. 누가 찾습니까?

— 내가 찾습니다.

안 어떤 내가 찾고 있습니까?
— '몸뚱이로서의 내'가 찾고 있습니다.

안 찾는다는 것은 이미 안과 밖을 나누어서 밖으로 나간다는 말입니다. '나'라고 하는 그 한 생각이 가도 가도 끝없는 허공을 덮어버립니다. 나라는 한 생각이 그렇게 어마어마한 것입니다.
— 다른 것을 찾는 장벽을 어떻게 걷어낼 수 있습니까?
안 찾지 않으면 됩니다.

— 어떻게 해야 그렇게 되는지 모르겠습니다.
안 우리가 모습 없는 것을 찾을 수 있겠습니까?

— 모습 없는 것은 못 찾습니다. 그러면 어떻게 해야 됩니까?
안 '인연과 조건으로 생긴 찾음! 변한다 헛것이다 머물 수 없다' 하고 찾는 것을 놓아 버리면 찾는 자와 찾는 것이 바탕으로 돌아갑니다. '몸뚱이가 나다' 하는 뒤바뀐 생각 때문에 찾는 것이 놓아지지 않습니다. 찾는 자도 허공성이고 찾는 것도 허공성입니다. 찾는 자가 곧 찾는 것입니다.

그러하니 걸림 없는 이 자리는 시공간이 떨어지고, 젊음과 늙음이 없고, 안다 모른다, 선악, 남자 여자가 다 떨어진 자리거든. 그러하기 때문에 되돌아서 지견을 세워서 환상놀이, 놀음놀이에서는 능히 남자 여자를 나투고, 선악도 나투는 거여. 그러나 선악, 남자 여자도 전부 허공성인 줄 알아. 이 우주도 허공의 놀음놀이에 지나지 못하는거라.

'허공의 주인공'은 볼 줄 알고, 들을 줄 알고 생각할 줄 아는 그 놈이라. 그 놈도 허공성이라. 모든 것이 허공성이여.

— 백봉선생님 말씀대로라면 삶이 다 환상놀이란 것입니까?

안 절대평등성, 허공성은 시공간이 끊어지고 말과 뜻이 끊어진 상대성의 '앞소식'입니다. 따라서 남자와 여자가 아니기 때문에, 인연과 조건에 따라 남자도 나투고 여자도 나툽니다. 그래서 환상인 인생놀이를 굴립니다.

— '인생이 환상놀이다!' 사실은 이 점이 이해는 되지만 실감이 잘 안 옵니다.

안 그럴 겁니다. 몸뚱이가 나라는 생각은 그렇게 쉽게 사라지지 않지만, 차츰 공부하다 보면 실감이 오는 날이 있을 겁니다. 우리들이 공부하다 보면 공부가 잘될 때가 있고, 공부가 안될 때가 있습니다. 공부가 잘될 때는 '인연과 조건으로 생긴 공부 잘된다! 변한다 헛것이다 머물 수 없다!'라고 하십시오.
반대로 공부가 안 될 때는 '인연과 조건으로 생긴 공부 안 된
다! 변한다 헛것이다 머물 수 없다'라고 하십시오. 공부가 잘
되는 것도 놓고, 안 되는 것도 놓아야 합니다.
공부 잘되는 것도 허공성, 안 되는 것도 허공성입니다.

— 그런데 공부가 잘되면 으쓱하고 안 되면 소침해집니다.
안 보통 우리들은 잘한다 못한다 하는 '행위자'가 있다고 여깁
니다. 잘한다 못한다가 '내 것'이 되어 잘하면 '잘한다'에 쏙
빨려 들어가고, 못하면 '못한다'에 쏙 빨려 들어가 버립니다.
인연과 조건으로 생긴 '잘한다 못한다'란 생각이 일어나고
사라지는 것을 붙잡아서 관찰하기 시작하면 변화가 오기 시
작합니다.

보고 듣고 말하는 진짜 나

— 진짜 나는 무엇입니까? 다시 설명해주십시오.
안 진짜 나는 보고 듣고 말하는 법신法身입니다. 허공의 주인공
이지요.

— 보고 듣고 말하는 것이 법신이라고요?

안 몸은 자체 지혜가 없어서 무엇을 하는지 모르는 무정물입니다. 사람들은 눈이 본다고 하지만 정말 눈이 보는 것일까요?

— 눈이 있어 볼 수 있는 것 아닌가요?

안 거울에 모양이 비치면 거울이 보는 건가요? 그런 것처럼 눈에 비치기는 하나 눈이 보는 것이 아닙니다. 사람들은 귀가 듣는다고 합니다. 정말 귀가 듣는 것일까요?

— 아, 어렵습니다.

안 이어폰이 소리를 듣는 것이 아닌 것처럼, 귀에 들리기는 하나 귀가 듣는 것이 아닙니다. 사람들은 입이 말한다고 합니다. 정말 입이 말하는 것일까요?

— 입이 말한다는 것을 의심해 본 적이 없습니다.

안 말을 전하나 마이크가 말하는 것이 아닌 것처럼, 입이 말하는 것이 아닙니다. 눈, 귀, 코, 혀, 몸은 기관들입니다. 죽은 몸에서는 눈이 있지만 볼 수 없고, 귀가 있지만 들을 수 없고, 입이 있지만 말할 수 없는 것과 같습니다.

— 네. 눈, 귀, 코, 혀, 몸은 기관들이 맞습니다.

안 그러므로 보고 듣고 말하는 자리는 법신입니다. 그런데 직접 보고 듣고 생각하고 말도 하지만, 우리는 이 법신을 전혀 찾아낼 수 없습니다.

— 왜 그렇습니까?

안 빛깔도 소리도 냄새도 없기 때문입니다. 즉 모습이 없으므
   로 이것을 절대성, 허공성이라고 합니다.

— 모습이 없는 진짜 나를 찾으려면 어떻게 해야 하겠습니까?

안 나의 법신을 찾아야 됩니다. 지금 나라고 알고 있는 몸뚱이
   는 쉴 새 없이 변하기 때문에 진짜 내가 아님을 분명히 해야
   합니다.

— 모습 없는, 변하지 않는 법신을 정말 찾고 싶습니다.

안 법신과 모습은 둘이 아니기 때문에, 모습 없는 법신을 드러
   내려면 모습을 통해서 드러내야 합니다. 모습을 걷어잡고
   법신을 만난다 하더라도 변하는 모습인 몸뚱이는 진짜 내가
   아닙니다.

— 보고 듣고 말하는 자리가 법신이라 하셨습니다. 지금 저도
   보고 듣고 생각하고 있는데, 그러면 제가 법신을 알고 있는
   것입니까?

안 저도 백봉선생님의 "법신은 보고 듣고 말하는 바로 이 자리
   다" 하는 법문을 듣고 '지금 내가 보고 듣고 말하는 이것이

법신인가?'라는 생각을 한 적이 있었습니다.

백봉선생님이 말씀하신 그 법신과 내가 보고 듣고 말하는 법신이 어떻게 다른지, 그 차이점에 대해 알아야 합니다.

— 그 차이점이 무엇인지 정말 궁금합니다.

안 하늘에 구름이 잔뜩 덮여 있으면 햇빛이 비치지 못합니다.

— 그렇습니다.

안 그런데 비행기를 타고 올라가 보면 구름 위에는 햇빛이 찬란하게 빛나고 있습니다.

— 그렇습니다.

안 해가 없는 것이 아니라 구름에 가려서 해가 보이지 않는 것뿐입니다. 그런데 구름이 오래 덮여 있으면 사람들은 해가 있다는 것을 잊어버리겠지요?

— 그럴 수 있습니다.

안 그와 마찬가지로 우리는 무언가를 볼 때 항상 보는 내가 있고, 들을 때 듣는 내가 있고, 말할 때 말하는 내가 있습니다. 화를 낼 때도 항상 화를 내는 내가 있고, 좋아할 때도 좋아하는 내가 있고, 싫어할 때도 싫어하는 내가 있습니다. 항상 '하는 나, 행위자'가 있습니다.

— 모든 사람이 그렇지 않을까요?

안 그것은 보고 듣고 말하는 법신을 잊어버리고, 뒤바뀐 생각
　　으로 몸뚱이와 망심을 나라고 하는 '하는 나, 행위자'가 있다
　　고 착각하는 것입니다. 〈우다나〉 깨달음의 품 제1—10 '바히
　　야의 경'을 소개하겠습니다.

　　　바히야여, 그대는 이와 같이 배워야 한다.
　　　바히야여, 볼 때는 보일 뿐이며, 들을 때는 들릴 뿐이며,
　　　감각할 때는 감각될 뿐이며, 인식할 때는 인식될 뿐이므로, 바히야
　　여, 그대는 그것과 함께 있지 않다.
　　　바히야여, 그대가 그것과 함께 있지 않으므로, 그대는 그 속에 없다.
　　　바히야여, 그대가 그 속에 없으므로, 그대는 이 세상에도 저 세상에
　　도 그리고 그 중간 세상에도 없다.
　　　이것이 바로 괴로움의 종식이다.

—　내가 그것과 함께 있다는 뒤바뀐 생각이 바로 괴로움이군
　　요.
안　행위자가 있다는 착각을 하게 되면 어떤 일이 일어날까요?
　　예를 들어 화가 났다고 해 봅시다.
—　그 화에 쉽게 휩쓸려 들어갑니다.

안　우리는 항상 화가 나 있습니까?
—　아닙니다. 화가 날 때도 있고, 그렇지 않을 때도 있습니다.

안 화는 인연과 조건에 따라 일어났다 인연과 조건이 없어지면
   사라지는 모습입니다. 따라서 화는 변하고 가짜입니다.
― 네. 이해됩니다.

안 누가 화를 냅니까?
― 내가 화를 냅니다.

안 '몸뚱이 내'가 화를 냅니까?
― 몸뚱이는 무정물이라고 하지 않으셨습니까? 몸뚱이가 화를
   낼 수는 없을 것 같습니다.
안 그렇습니다. 몸뚱이는 느끼지도 못하고 무엇을 하는지도 모
   르는 무정물입니다. 그러나 우리는 화를 내는 '내가 있다'는
   뒤바뀐 생각에 이미 들어앉아 있기 때문에 화가 '나의 것'이
   됩니다.
   그래서 그 화를 되새김질하고, 그에 따른 또 다른 감정과 생
   각을 더해가며 고리를 엮습니다. 다시 말하자면 감정과 생
   각의 많은 파생상품을 연달아 제조하면서 화의 소용돌이 속
   으로 휩쓸려 들어갑니다. 처음에는 이러한 사실을 감지하기
   어렵습니다.
   보고 듣고 말하는 법신은 모습이 없기 때문에 모습 없는 허
   공과 같습니다. 그러므로 화를 내는 '내가 있다'는 뒤바뀐 한
   생각이 모습 없는 법신을 가려 버립니다. 마치 구름이 허공

을 덮는 것과 같습니다.

— 그럼 법신으로서 보고 듣고 말하는 것은 어떻게 보고 듣고
  말하는 것입니까?

안 보고 듣고 말하는 법신은 모습이 없기 때문에 법신을 찾아
   낼 수 없습니다.
   따라서 볼 때 보는 내가 없고, 들을 때 듣는 내가 없고, 말할
   때 말하는 내가 없습니다. 화를 낼 때 화를 내는 내가 없고,
   좋아할 때 좋아하는 내가 없고, 싫어할 때 싫어하는 내가 없
   습니다. '없는 내'가 보고 듣고 말하고, 화내고 좋아하고 싫
   어합니다. '하는 자, 행위자'가 없습니다. 그래서 봄이 없이
   보고, 들음이 없이 듣고, 말함이 없이 말합니다. 즉 보는 듯,
   듣는 듯, 말하는 듯, 화를 내는 듯, 좋아하는 듯, 싫어하는
   듯입니다.

— 몸뚱이로서의 나가 화내는 것과, 법신으로서의 나가 화내는
  건 어떻게 다릅니까?

안 몸뚱이로서의 나(행위자)로서 화를 내면, 화를 내는 나와 화가
   상대가 되어 화가 곧 나의 것이 됩니다. 법신으로서의 나로
   서 화를 내면, 법신자리는 빛깔도 소리도 냄새도 없으므로
   화를 내는 내가 없기 때문에 화가 내 것이 되지 않습니다.
   화는 법신자리의 작용일 뿐입니다.

— 이해가 잘 되지 않습니다. 다시 한 번 설명해주십시오.

안 <u>화는 변하고 헛것이고 머물 수 없는 것이므로, 인연과 조건에 따라 화가 일어났다 인연과 조건이 없어지면 화가 사라질 뿐입니다. 거기에 '화를 내는 내'가 없습니다.</u>

이는 생각만 해도 자유롭고, 어깨춤이 절로 나오는 얘깁니다. 처음 들을 때는 이해가 잘 되지 않을 수 있습니다. 모든 모습은 상호의존적으로 일어났다 사라질 뿐입니다. 꾸준히 정진해 나가면 스스로 알게 될 것입니다.

— 그러면 진짜 나는 무엇입니까?

안 이제 몸뚱이가 진짜 내가 아님은 아시겠지요.

진짜 나를 찾으려면 변하지 않는 나의 법신을 찾아야 됩니다. 변하지 않는 법신을 드러내려면, 변하는 몸뚱이를 걷어잡아야 합니다. 내 몸뚱이를 걷어잡고 나의 법신을 만나면, 이 몸뚱이 이만 이대로 법신이 되는 이치가 있습니다.

믿고 결정하라!

❁

이전 어른들은 오년이든 십년이든 백년이든 앉아서 참선해서 모든 것을 전부 포기할 때 허공성이 나타나. 뿔 돋친 (도깨비 같은) 놈이 나타나는 것이 아니여. 이때를 견성이라 하는 거여. 그러면 우리도 이전 어른처럼 공부해야 되느냐?

지금은 시대가 다르니 그 당처가 이렇다는 걸 모른다 하더라도 끌고 가야 돼. 이전에도 육조 대사 같은 분들은 종일 설법하셨지. 설법 안 해주고 미한 중생들이 어떻게 알겠나요? 그리고 견성이 뭐 그리 어려운 거라고, 사고방식 한 번 뒤바꿔 놓으면 되는 건데. 가죽 주머니, 똥주머니를 내다 하고 있으니, '가죽 주머니 나에게 이로운 생각을 가져야지' 하는 데서 모든 생각을 일으키고 있어. 그 생각도 허공성이여. 영혼도 허공성이여.

— 모든 것을 포기할 때 허공성이 나타난다는 게 어떤 의미입니까?

안 찾는 것도 구하는 것이고, 버리는 것도 구하는 것입니다. 그것들을 전부 놓아버리면 찾는 자가 사라져 버립니다. 그럼 이만 이대로 전체입니다. 허공성이 드러나는 것이지요. 그러나 찾는 행위자가 있는 한, 뒤바뀐 생각으로 늘 헤맵니다. 백봉선생님은 "요즘은 과학과 의학의 발전으로 인지가 발달되어 옛날과 다르다. 그래서 설법을 통해서 바른 견해를 갖도록 해주어야 된다"고 했습니다.

다시 말하자면 요즘은 지구가 허공중에 떠있는 것을 잘 알고 있고, 몸뚱이가 수조의 세포로 구성되어 있고, 무정물이라는 것도 알기 쉽습니다. 예전 어른들은 견성해야 알 수 있었던 사실들입니다. 선생님이 "지금은 시대가 다르니 그 당처가 이렇다는 걸 모른다 하더라도 끌고 가야 된다"라고 한 이유입니다.

— 그것이 '공부의 윤곽과 바탕을 마련하는 것'입니까?

안 그렇습니다. 그리고 백봉선생님은 "견성 어렵지 않다. 사고 방식을 한 번 뒤바꿔 놓으면 된다"라고 하였습니다. 그리고 이 말이 지금은 믿기지 않을지 모르겠으나 "내가 돌아간(1985년에 돌아가심) 뒤 50년, 100년 뒤에는 믿을 것이다"라고 하였습니다.

— 그런데 견성은 너무 어려운 것이라 알고 있습니다.

안 백봉선생님은 "바른 방향으로 공부해 나가면 어려울 것이 없다. 만약 내가 가지고 있지 않는 성품이라면 볼 수 없겠지만, 내가 가지고 있는 성품을 내가 보기 때문에 어렵다는 생각도 놓아 버리고 쉽다는 생각도 놓아버리라"고 하였습니다.

— '사고방식 한 번 뒤바꾼다'는 것이 무엇일까요?

안 그 전에 한 번 생각해 봅시다. 무엇이 뒤바뀐 생각입니까?

— 모습이 진짜라는 생각이 뒤바뀐 생각입니다. 우리는 모습이 자체성이 있고, 변하지 않고, 진짜고, 머물 수 있다고 생각합니다.

안 그중에서도 가장 대표적인 것이 '몸뚱이가 나다. 망심이 내 마음이다. 내가 있다'는 것입니다.

화를 내는 내가 있고, 좋다 싫다 하는 내가 있습니다. 그 내가 늘 주인 노릇을 합니다. 그 나라는 것은 변하는 경계에 의지하여 일으키는 허망한 생각입니다. '그 내가 허망한 것임을 관찰하여 본래 진짜 나를 되밝히는 것'이 마음공부입니다.

— 약간 옆길로 새는 질문 같지만, 영혼이란 게 있을까요?

안 '내가 있다' 하고 뒤바뀐 생각을 하니까 '나에게 영혼이 있다. 내가 다음 생애에 태어난다. 윤회하는 내가 있다'라고 생각합니다. 그러면 윤회가 있습니다.

— 허공성이란 관점에서, 윤회를 어떻게 봐야 할까요?

안 뒤바뀐 생각을 연속하는 것이 윤회입니다. 사람들은 몸뚱이가 죽으면 윤회한다고 하지만, 살아서도 윤회합니다.

🪷

우리는 모든 것이 허공성이라는 걸 알았어! 허공으로서인 지구고, 허공으로서인 집이고, 허공으로서인 내고, 허공으로서인 불법이다. 석가세존도, 유마 거사도, 아미타불도 물론 그렇다. 이번 기회에 어떻든지 허공성이란 것만 알아두세요. 이건 여러분들이 거부하지 못할 거여. 지금까지 다겁多劫으로 가죽 주머니에 쏠려서 실감이 안 올지 모르겠지만, 우리는 의심하지 말고 그대로 믿어.

— 살아서도 윤회한다는 사실은 충격적입니다.

안 우리는 몸뚱이가 수조의 세포로 구성되어 있고, 쉬지 않고 변하는 사실을 잘 알고 있습니다. 장기나 다른 기관 이식도 가능하므로 몸뚱이가 무정물이란 것도 분명한 사실입니다.

— 그게 확실한데 왜 확실하게 실감이 오지 않을까요?

안 여태까지 '몸뚱이가 나다' 하고 몸뚱이에 들어앉아 있었기 때문입니다. '몸뚱이가 정말 나일까?' 하는 의문조차 가지지 않았습니다.

— 평생 가짜에 속아서 살아왔던 것이군요.

안 모든 모습이 허공성인 줄 알면 속지 않습니다. 그런데 우리는 자기에게 제일 많이 속습니다. 자기의 고정된 관념을 합리화시키고 각색해서, 그것을 진짜라고 생각합니다. 고정된 것은 하나도 없습니다. 무유정법無有定法입니다.

자기 입장에서 보면 그것이 진짜처럼 보이기 때문에, 거기에서 헤어 나오지 못하고 모습놀이를 하게 됩니다. 이것을 반드시 생활 속에서 직접 관찰해야 합니다.

🪷

어리석은 사람들은 분별이 많아서, 어떨 때는 넘치기도 하고 어떨 때는 모자라기도 하고, 불평불만이 이만저만 많은 것이 아니라. 전부 새김想놀이여. 우리가 새김놀이 안 하면 곳곳마다 보리도고, 공덕 자리고, 복덕 자리라. 어디 걸림이 없어. 생전 처음 만나는 사람도 그만 서로 좋아. 그러나 분별하면 옆에 앉은 꼴도 보기 싫어. 가도 가도 끝없는 이 호호막막浩浩漠漠*한 허공을 자기가 갈라놓고 있어. '저 녀석 보기 싫다 하는데 꼭 내 옆에 와서 앉네. 저 놈 보기 싫다는 장벽이 하나 가려져 버리네. 자기 자신이 장벽으로 막는 것 아닌가? 참 겁나는 겁니다. 전부 자기 마음놀이여. 세간사(세상일)는 우리 마음(먹는) 대로 이루어지는 거예요. 체성면體性面** 도리로 본다면 지구도 우리가 만들고, 욕계 색계 무색계 천당 지옥도 다 여러분이 만든 것 아니라요? 여러분이 만들었다는 것이 과학적으로 딱 증명이 되는 것이니 그건 말할 것이 없어.

* 호호막막浩浩漠漠: 끝없이 넓고 멀어 아득함 ** 체성면體性面: 법의 자성면自性面

안   우리의 뒤바뀐 한 생각이 온 허공을 덮어 버린다는 게 이해가 되십니까?
—   한 생각이 얼마나 크기에 가도 가도 끝이 없는 허공을 덮어 버릴까요? 그게 가능할까요?

안   '좋다'라는 생각에 딱 들어앉으면, '좋다'라는 생각이 일어난 바탕자리를 잊어버립니다. '싫다'라는 생각에 딱 들어앉으면 '싫다'라는 생각이 일어난 바탕자리를 잊어버립니다. '내가 있다'라는 뒤바뀐 한 생각에 들어앉으면 진짜 나, 법신을 잊어버립니다. 마치 구름이 해를 가려 버리듯이 허공을 덮어 버리는 것과 같습니다.

즉 '내가 있다' 하는 뿌리 망심이 온 허공을 덮어버립니다.

— '내가 있다'란 한 생각이 망심의 뿌리라는 말씀이군요.

안　그렇습니다. 백봉선생님이 처음 오는 학생에게 "지구도 네가 만들고, 태양도 네가 만들고, 천당 지옥도 네가 만든다" 하면 듣는 사람의 말문이 막힙니다. '내가 어찌 태양도 만들고 지구도 만들 수 있는가?'라고 생각하지요.

"묘한 말씀 하시네" 하면서 계속 오는 사람이 있고, "이상한 말씀 하시네" 하며 가 버리는 사람도 있었습니다. 여기서 '나'는 누구일까요?

— 갑자기 물으시니 대답하기가 어렵습니다.

안　나는 몸뚱이로서의 내가 아니라, 허공으로서의 나를 말합니다. '몸뚱이로서의 나'로 듣고 생각하는 사람은 알아듣기 어렵습니다. 우리는 항상 절대성, 허공성을 바탕으로 보고 듣고 말하고 생각해야 합니다.

❀

그러니까 우리는 될 수 있으면 절대로 고동껍질 안에 들어앉아서는 안 돼요. 고동 껍질 안에 들어앉으면 태평양 가운데 있으면서도, 지구에 있으면서도, 허공에 있으면서도, 태평양도 허공도 지구도 몰라. 고동껍질 안쪽만이 전부 자기 세계래요.

명예, 돈, 체통, 잘 살아야 되겠다, 내 집안 어찌해야 되겠다, 죽으면 어디 가야 되겠다 해서 묘를 만드는 고동껍질에 들어앉아. 고동껍질 하나만 해도 답답한데 천 개 만 개 만들어 놓고 전부 거기서 뱅뱅 도는 사람들이 태반이거든.

안　백봉선생님은 몸뚱이로서의 나에 들어앉는 것을 고동껍질에 비유해서 이렇게 말했습니다.

—　고동껍질이라니 말만 들어도 답답한 것 같습니다.

안　태평양 가운데 있으면서도 태평양을 모르고, 허공중에 있으면서도 허공을 모르는 것입니다. 오직 고동껍질 안만이 자기 세계인 겁니다. 그렇다면 대표적인 고동껍질이 뭐라고 생각하시나요?

—　'몸뚱이가 나다. 내가 있다'라는 생각이 첫 번째 고동껍질인 듯합니다.

안　그렇습니다. 그런데 대부분의 사람들이 모습에 들어앉아 '몸뚱이가 나다. 내가 있다'라는 망심이 주인 노릇을 하면서 온갖 번뇌를 일으키는 데도 인식을 못 합니다. 그리고 몸뚱이를 위해서 자꾸 고동껍질을 만들어 들어앉습니다. 내가 있으면 네가 있고, 내 것과 네 것이 생겨서 애정과 증오, 시비와 갈등이 일어납니다. 몸뚱이의 바탕인 가도 가도 끝없는 허공을 잊어버리게 되는 것이지요.

— 그런데 나와 너, 내 것과 네 것을 분별하지 않고 이 세상을
　살아갈 수 있겠습니까?
안 그것을 분별하지 말라는 것이 아닙니다. 그것이 허공성임을
　알아서 애착과 집착을 내려놓고 머물지 않으면서 잘 굴리는
　것입니다.

🪷

　그러면 고동껍질을 벗어나지 못한 사람이 나중에 탈을 바꿀 때 어
떻게 바꾸지?
　눈, 귀, 입의 기관이 약해지고, 경계에 닿질리는 것이 싹 없어지
면, 고동껍질에 들어앉는 습성이 어디로 가겠습니까? 돼지, 개, 뱀,
개미로 태어나느냐? 자기는 모르거든. 습성대로 가. 미련해도 부지
런하면 개미 몸을 받거든. 새김想에서 수천만억 세계가 나오는거여.

안 '몸뚱이가 나다' 해서 눈, 귀, 코, 혀, 몸과 뜻(육근)으로 빛깔,
　소리, 냄새, 맛, 감촉, 요량(육진)의 경계에 따라 일어나는 마
　음을 쓰던 사람이 그 기관이 약해지고 없어져 버리면, 어떻
　게 되겠습니까?
— 글쎄요. 상상해 보지도 않았습니다.

안 기관이 약해지면 경계에 따라 일어나던 마음도 같이 없어져 버립니다. 이건 정말이지 무서운 말입니다. 그러면 자기가 쓰던 습성만 남아서, 그 습성 그대로 딱 가는 것이지요. 고동껍질 안에 들어앉던 습성 그대로 갑니다. 그런데 문제는 자기는 모른다는 것입니다. 왜냐하면 그곳이 자신의 습성에 맞는 가장 좋은 곳이기 때문입니다.

― 아, 자기가 모른다니 더 무섭습니다.

> **까치 이야기**
>
> 아주 높고 넓은 하늘나라로 가는 것이 소원인 사람이 있었습니다.
> 그는 소원대로 높고 넓은 하늘나라로 갔습니다.
> 까치가 되었습니다.

안 한 생각이 한 세계입니다. 멀쩡하게 사람 탈을 쓰고 있어도 돼지처럼 마음을 쓰는 사람이 있고, 개처럼 행동하는 사람도 있습니다. 우리가 돼지의 습성을 들여야 하겠습니까? 개의 습성을 들여야 하겠습니까?

― 어떻게 해야 올바른 습성을 들일 수 있을까요?

안 부처의 습성을 들이는 방법이 바로 새말귀를 굴리는 것입니다.

빛깔도 소리도 냄새도 없는 자리가 무정물인 눈으로 본다. 빛깔도 소리도 냄새도 없는 자리가 무정물인 귀로 듣는다. 빛깔도 소리도 냄새도 없는 자리가 무정물인 입으로 말한다. 항상 절대성, 허공성에 앉아서 모습을 잘 굴려야 합니다. 나는 허공으로서의 나입니다.

— 네. 명심하겠습니다.

●●● 첫째 마디에서 생각해 본 것들
　　수행하려고 하는 이유가 무엇인가?
　　수행이란 무엇인가?
　　모습이란 무엇인가?
　　'변한다'는 것이 무엇인가?
　　왜 변하는가?
　　진짜와 가짜는 무엇인가?
　　진짜와 가짜를 어떻게 구별하는가?
　　몸뚱이가 나인가? 내 것인가?
　　생각과 감정이 내 마음인가? 내 것인가?
　　자체성이 무엇인가?
　　공부하는 자가 누구인가?
　　말하는 나와 듣는 너가 있는가?
　　말하고 듣는 자는 무엇인가?
　　나는 무엇인가?

둘째 마디

1. 모습공식

— 앞에서, 우리가 어떤 문제에 부딪쳤을 때 그것의 원리를 사
　실대로 이해하고 파악하면 잘 해결할 수 있다는 말씀을 잘
　들었습니다. 그런데 이것을 어떻게 실천해야 할지 모르겠습
　니다.

안 지금부터 모습공식에 대해 알아 봅시다. 모습공식이란 부처
　님의 삼법인을 쉽게 이해하고, 생활 속에서 실천할 수 있도
　록 만든 공식입니다. 삼법인三法印이란 말이나 글을 많이 접
　하지만, 실제로 그 뜻이 마음에 잘 와 닿지 않는 것도 사실
　입니다. 더구나 그것을 생활 속에서 실천하기란 더욱 어렵
　습니다.

─ 　모습공식이라니, 궁금하기도 하고 기대도 됩니다.

안　그러면 모습공식을 소개하겠습니다.

【 모습공식 】

모습은 자체성이 없다.

모습은 변한다.

모습은 헛것이다.

모습에 머물 수 없다.

모습을 잘 굴리자.

─ 　모습공식이 생활 속의 실천을 보다 쉽게 해준다는 말씀이지요?

안　그렇습니다. 아무리 좋은 말이라도 실제 행동으로 옮기기란 쉽지 않은 경우가 많습니다.

우리는 살아가면서 "비워라, 놓아라" 하는 말을 많이 듣지만 정작 '무엇을 비워야 하는가? 왜 비워야 하는가? 어떻게 비워야 하는가?'는 잘 모릅니다. '무엇을 놓아야 하는가? 왜 놓아야 하는가? 어떻게 놓아야 하는가?'를 잘 모릅니다.

— 수행을 오래 하신 분들은 그렇지 않은 줄 알았습니다.

안 수행 길에 들어서서 수년, 수십 년 노력해 보지만, 막상 일상생활에서 경계에 부딪치면 힘없이 무너져 버립니다. 앉을 때는 마음이 가라앉는 듯한 착각에 하늘의 별도 딸 것 같지만, 문을 나서면 까맣게 잊어버리고, 경계의 소용돌이 속으로 한없이 휘돌아 들어가 버립니다.

— 수행이 깊어지면 괴로움도 사라진다고 생각했는데, 그렇지 않다니 충격입니다.

안 수행을 통해 '내가 있다'는 아상을 내려놓고 싶지만, 수행의 햇수가 거듭될수록 몇 년 수행했고, 어떤 경을 몇 만 번 읽었고, 염불이나 다라니를 얼마나 많이 했고, 어디서 어떤 수행을 했고, 어떤 경계를 경험했다고 하는 상패를 진열장에 진열해 놓으면서, 목에 깁스하고 어깨에 힘이 잔뜩 들어갑니다. 그리하여 아만을 더욱 키웁니다.

그런데 마음속으로는 괴롭습니다. 조그만 일에도 벌컥 화가 나고, 불안하고, 명예나 물질에 한없는 욕심이 나서 자제하기 어려우니 자신도 당황스러운 것이지요. 마음을 가라앉히려고 애써 보지만, '옳다 그르다, 있다 없다' 하는 온갖 분별 망상이 기름에 불붙듯이 일어납니다.

— 그 모든 것이 다 '내가 있다'는 착각에서 일어나는 것이군요.

안 그렇습니다. 모든 모습은 인연과 조건이 있으면 일어났다, 인연과 조건이 다하면 사라질 뿐입니다. 실제로 거기에 '내'가 없는데, 항상 '내가 있다'라고 착각하고 거기에 머물고 집착함으로써 모든 괴로움을 짓습니다. 그런데 이를 알아차리기 힘들다는 게 문제입니다.

'우리가 왜 고통 속으로 빠져들게 되었는가? 또 어떻게 그것에서 벗어날 수 있는가?'를 알게 되면, 모든 모습이 실제로 존재하는 방식을 파악하게 됩니다. 뒤바뀐 생각을 바로잡을 수 있음을 분명히 이해하면, 진짜 나를 되밝히고자 하는 열정이 더욱 강해질 것입니다.

— 그 방편이 모습공식이란 말씀인 것으로 알아들었습니다.

안 모습공식으로 연습하면 '자체성이 없고 변하고 헛것이고 머물 수 없는 모습'임을 관찰하게 되고, 관찰하면 멈추고, 멈추면 통찰함으로써 지혜와 자비가 증장됩니다. 지혜와 자비가 증장되면 공부의 윤곽과 바탕이 마련되고, 새말귀를 저절로 굴리게 될 것입니다.

삼법인三法印

— 우리는 모두 행복을 원하고 고통에서 벗어나려고 합니다.
이런 간절한 바람에도 불구하고, 우리는 왜 고통과 아픔 속
에서 헤매고 있을까요?

안 우리가 자기 자신과 세상에 대해서 사실대로 보지 못하고
뒤바뀐 생각으로 보기 때문입니다.

— 그 뒤바뀐 관점과 생각을 바꾸려면 어떻게 해야 할까요?

안 부처님의 삼법인을 생활 속에서 실천해야 됩니다.

삼법인이란 불교의 기본적 입장을 특징적으로 보여 주는 교
의敎義이며, 일체만법의 세 가지 특성을 말합니다. 법인이란
법의 도장이라는 뜻으로, 불교의 진위(진짜와 가짜)를 판별하
는 중요한 이치입니다.

제행무상 · 일체개고 · 제법무아를 삼법인이라 하고, 여기에
열반적정涅槃寂靜을 추가해 사법인四法印이라고도 합니다.

· 제행무상諸行無常
  인연과 조건으로 생기는 모든 것은 변한다.

· 일체개고一切皆苦
  무지로 인해 생겨나는 모든 것은 괴로움이다.

· 제법무아諸法無我
  인연과 조건으로 생기는 모든 것은 실체가 없다.

— 삼법인이 말하는 것이 앞에서 얘기한 모습이 아닙니까?

안 그렇습니다. 인연과 조건으로 생긴 모든 것은 생기고 없어지고 변화하여, 잠시도 같은 상태에 머물 수 없고, 마치 꿈이나 환영, 허깨비처럼 실체가 없습니다. 따라서 변하지 않고 영원한 것이 단 하나도 존재할 수 없는 것이 모습의 실상입니다.

— 삼법인을 실천하면 어떻게 됩니까?

안 석가모니 부처님께서는 "이 세상에 존재하고 있는 것은 쉼 없이 변화하여 고정된 것이 없는데(제행무상) '변하지 않는다'라고 생각하고, 또 모든 것은 고정적인 실체가 없는데(제법무아) '실체가 있다'라고 뒤바뀐 생각을 하는 것이 고의 원인이다. 따라서 올바른 지혜(반야, 보리)로 무지에서 벗어나 집착을 여읨으로써, 완전한 평화인 열반에 도달할 수 있다"고 말씀하셨습니다.

— 앞에서 말한 진짜 나를 되밝힌다는 것의 의미가 이거로군요.

안 우리의 본성자리를 되밝히기 위해서는, 먼저 인연과 조건이 있으면 생겨났다 인연과 조건이 다하면 사라지는 모든 모습이 '자체성이 없고 변하고 헛것이고 머물 수 없다'는 것을 직접 관찰하고 통찰해서 그 이치를 스스로 이해하고 실질적으로 파악해야 합니다.

모습이 '변한다'는 사실을 잘 관찰하면, 모습이 실체가 없고 꿈과 같은 것(헛것)임을 알게 됩니다.

모습은 자체성自體性이 없다

안   파란 하늘, 하얀 눈, 푸른 소나무, 빨간 장미, 노란 국화, 알
    록달록 예쁜 장난감, TV, 냉장고, 소파, 책상, 다양한 색깔
    의 전등, 자동차, 옷, 신발, 과일 등, 모든 사물에는 색깔이
    있고, 우리는 색깔의 물결 속에서 살고 있습니다.
─   네. 그렇습니다.

안   그렇다면 이 질문에 답해 보세요.
    "빨간 사과는 무슨 색깔일까요?"
    정말 어리석은 질문이라고 생각하지 않으셨나요?
─   네. 질문이 잘못된 것 같습니다.

안   우리는 일반적으로 물체마다 고유한 색깔을 가지고 있다고
    생각합니다.
─   그게 사실 아닌가요?

안   물체마다 색이 달라 보이는 것은 빛이 물체에 닿아 반사나

흡수하는 현상이 일어날 때, 스펙트럼의 특성에 의해 변화하기 때문입니다.

백색광이 어떤 물체에 부딪혔을 때 붉은색을 반사하고 나머지를 흡수하면, 그 물체의 색은 붉은색이 됩니다. 즉 물체 표면이 장파장을 많이 반사하고 단파장을 흡수해 버리면, 우리 눈에 반사되어 들어오는 빛은 붉게 보이는 것입니다.

— 아. 그렇게까지는 생각해 보지 않았습니다.

안　사과의 표면은 장파장의 붉은빛이 많이 반사되고, 노랑 이하 짧은 파장의 빛은 거의 흡수되므로 반사광이 빨강이 됩니다. 그래서 우리는 사과가 붉다고 느끼는 것입니다. 검은색은 모든 파장의 빛이 흡수되는 현상, 흰색은 모든 빛이 반사되는 현상입니다.

— 그러면 빨간 사과가 본래 빨간색이 아니라는 말씀이군요.

안　그렇습니다. 물체의 색은 그 자체의 내부에 고유한 색을 가지고 있어서 밖으로 발산하는 것이 아니라, 빛이 물체의 표면에 닿는 순간 빛의 반사와 흡수에 의해 드러나는 것입니다.

그러니 '빨간 사과는 무슨 색깔일까? 빨간 사과가 빨간색일까?'라는 질문은 결코 어리석은 질문이 아닙니다.

— 그런 생각을 해 본적이 없습니다. 그럼 빨간 사과는 무슨 색깔입니까?

안   무색無色입니다.

　　대부분의 사람들은 다른 사람이나 동물들도 자신들이 보는 것과 똑같이 볼 것이라고 착각합니다. 고정불변한 모습이 있어서 사람이든 개든 고양이든 나비든 모두 똑같이 볼 것이라고 생각합니다. '다른 동물들도 나와 똑같이 볼까?'라는 생각을 아예 해 보지도 않고 그냥 살아가는 것입니다.

— 네. 그렇습니다.

개 이야기

　　개는 파랑, 노랑, 흰색, 검은색 네 가지 색만 볼 수 있는 색맹입니다. 그 외의 색깔은 네 가지 색의 색조로 봅니다. 오렌지색은 약간 진한 노란색, 빨간색은 검은색 또는 짙은 회색으로 봅니다. 그래서 개에게는 빨간 사과, 빨간 장미, 빨간 옷이 없습니다.

　　사람들은 강아지에게 예쁜 빨간 옷을 입히지만 개는 검은색 옷으로 봅니다.

안   세상에 고정불변한 모습이 있을까요? 모두 똑같이 볼까요?

—   이제까지는 그런 생각 자체를 하지 않았습니다.

안   세상에는 수많은 파장의 빛과 소리가 있습니다. 가시광선은 그중 극히 일부분입니다. 동물들은 인간이 보지 못하고 듣지 못하고 냄새 맡지 못하는 것을 보고 듣고 냄새 맡을 수 있습니다. 박쥐와 돌고래는 사람이 듣지 못하는 초음파를 들을 수 있고, 개의 후각 능력은 사람의 수십만 배나 됩니다. 축구장만 한 공간에 장미꽃 냄새 분자 하나만 있어도 그 냄새를 맡을 수 있습니다.

사람들도 인연과 조건에 따라 자기가 보고 싶은 것만 보고, 듣고 싶은 것만 듣는 경향이 있습니다.

— 실제로 그런 경험이 있습니다.

안 이와 같이 사람과 동물들이 같은 지구에 살고 있더라도 서로 다른 감각의 세계에 살고 있으므로, 각자 사는 세상이 다르다고 할 수 있지 않겠습니까?

— 충격적이지만 그럴 수 있을 것 같습니다.

안 모든 모습은 인연과 조건에 따라 생겼다가 인연과 조건이 다하면 사라집니다. 물론 인연과 조건에 따라 각각 다르게 보이고 다르게 들립니다. 모든 모습은 자체성이 없고 이름뿐입니다.

고정불변하고 독립적이고 개별적인 실체가 존재하지 않는 것을 '공空하다'라고 합니다.

— 네? 공空하다고요?

안 　모든 모습은 인연과 조건에 의지하여 상호의존적으로 일어
　　났다 그것이 다하면 그 모습도 사라집니다. 이것을 연기라
　　고 합니다. 이렇게 인연과 조건이 있으면 일어났다 그것이
　　다하면 사라지는 모습 모두에는 고유한 자체성이 없습니다.
　　이것을 공하다고 하는 것입니다.
　　용수보살은 《중론》에서 '모든 법이 고정된 성품定性을 가지
　　고 있다면 곧 원인과 결과 등의 모든 일이 없을 것이다. 이
　　와 같은 게송으로 설한다'라고 하였습니다.

　　　여러 인因과 연緣에 의해 생겨나는 것이 법法이니
　　　나는 이것을 공空하다고 말한다.
　　　그리고 또한 거짓 이름假名이라고도 말하며
　　　중도中道의 이치라고도 말한다.
　　　한 법도 인과 연을 따라 생겨나지 않은 것이 없다.
　　　그러므로 일체의 모든 법이 공하지 않은 것이 없다.
　　　— 용수보살 《중론中論》 4권 24장 〈관사제 품觀四諦品〉 24~18

— 　어렵습니다. 좀 자세히 설명해 주십시오.
안 　일반적으로 우리가 지각하는 방식과 그 모습이 실제로 존재
　　하는 방식은 다릅니다. 그렇다고 우리가 경험하고 있는 사
　　실들이 허무한 것이라고 부정하는 것이 아닙니다. 모든 모
　　습이 어떤 식으로 존재하는지 밝히려는 것이지요.

— 모든 모습은 우리가 보고 듣는 그대로라고 생각했습니다.

안 수행하는 사람들은 현실의 모든 모습들이 실제로 존재한다는 뒤바뀐 생각을 내려놓아야, 우리 자신을 지배하고 있는 번뇌의 힘을 없애기 시작할 수 있습니다.

경전은 무지無知와 무지가 일으키는 고통으로부터 완전히 벗어날 수 있는 유일한 방법인 진실한 문이 바로 '공성을 깨닫는 지혜'라고 말하고 있습니다. 따라서 공성을 철저히 이해하고 실질적으로 파악하는 것이 수행의 요점이고 과정입니다.

— 공성이란 또 무엇입니까?

안 공성이란 '모든 법은 자성自性이 없다'는 뜻입니다.

— 모든 모습은 자체성이 없다는 의미군요.

안 그렇습니다. 그런데 공성을 어떤 절대적인 실체라거나 독립적인 진리라고 잘못 이해해서는 안 됩니다.

— 공성이라고 하니까 공성이라는 것이 있는 듯한 생각이 듭니다.

안 우리는 보고 듣고 느끼는 고정불변한 모습이 있다고 오해하는 경우가 많습니다. 공성은 사물이나 사건, 즉 모든 모습의 본성(법성)이라고 이해해야 합니다.

모습은 변한다

안 꽃이 피고, 노을이 지고, 하늘의 별들이 쏟아지고, 뭉게구름이 피어나고, 새가 지저귀고, 냇물이 흐르고, 단풍 옷을 갈아입고, 낙엽이 떨어지고, 눈꽃이 피고, 가을바람에 들녘이 노랗게 물들고, 대추나무에 빨간 대추들이 조롱조롱 열리는 것이 모두 변하는 이치입니다. 변하는 것은 불가사의하고 아름답습니다.

— 네. 그렇습니다. 변하기 때문에 가능한 일입니다.

안 성내고 욕심내고, 좋아하고 싫어하고, 기쁘고 슬프고, 밥 먹고 배설하고, 가고 오고, 잠자고 꿈꾸고, 공부하고 생각하고, 일하는 일상생활이 전부 변하는 이치입니다.

여름 이야기

유난히 무더운 여름이었습니다. 우리나라 날씨도 점점 아열대로 바뀌고 있다고 합니다. 날씨의 변화는 생태계와 의식주, 그리고 사람들의 사고방식 전반에 커다란 영향을 미쳐서 새롭고 다양한 양상들이 나타날 것입니다. 전력난을 일으킬 정도의 맹렬한 더위도 지나가고, 따뜻한 차가 그리워지고, 포근한 이불을 턱밑까지 끌어당기는 계절이 왔습니다.

— 만약 변하지 않는다면 어떤 일이 일어날까요?

안 당장 심장이 뛰지 않고, 피가 돌지 않고, 숨도 쉴 수 없고, 식물들도 뿌리에서 물을 빨아들이고 광합성을 할 수 없습니다. 모든 생명들이 생명을 유지할 수 없는 것이지요.

— 태어나고 죽는 것도 변하는 것이라 생각합니다.

안 그렇습니다. 변하지 않으면 나지도 않을 것이니 죽지도 않을 것입니다. 그러면 삼라만상 우주법계도 벌어질 수 없고, 내 몸과 마음도 나툴 수 없을 것이니 즐겁고 고달픈 인생살이도 없을 것입니다. 변하는 것은 창의적이며 소통입니다. <u>변하는 이치를 잘 관찰하면 변하지 않는 이치가 그 속에 담겨 있음을 알 수 있습니다.</u>

우리의 몸뚱이는 태어날 때는 조그만 아기였다가 점점 변해서 어린이가 되고, 청년이 되고 노년이 되어 결국 사라집니다. 지금 우리의 몸뚱이 중에 태어날 때 있었던 것은 하나도 없습니다. 머리털 하나까지 전부 다 변했습니다. 뼈가 자라서 키가 크고 팔 다리도 길어지고, 얼굴도 커졌습니다.

— 네. 맞습니다.

안 1초에 수십만 개의 세포가 나고 죽습니다. 그렇다면 우리도 이미 수천 억만 번 나고 죽었다고 볼 수 있지 않겠습니까?

— 몸뚱이는 세포로 이루어져 있으므로 세포가 생기고 죽는 것도 그렇게 보아야겠지요.

안 보통 사람들은 몸뚱이가 죽을 때 죽는다고 하지만, 지금 이 글을 읽고 있는 순간에도 나고 죽고 있습니다. '나는 것도 변하는 이치고, 죽는 것도 변하는 이치'입니다.

— 네. 우리는 끝없이 변화는 와중에 존재합니다.

안 변하기 때문에 자라고, 변하기 때문에 심장이 뛰고 숨을 쉬고, 변하기 때문에 눈을 깜빡이고 다리로 걸어가고, 변하기 때문에 말을 하고 밥을 먹고, 변하기 때문에 생각과 감정도 일어납니다. 사는 것이 곧 변하는 이치입니다.

변하기 때문에 꽃이 피고 지고 물이 흐르고, 변하기 때문에 비가 오고, 눈이 오고, 바람이 불고, 변하기 때문에 계절이 바뀌고, 변하기 때문에 열매를 맺고, 곡식이 익습니다.

— '변한다'는 이치가 이해가 됩니다.

지구별 이야기

우리가 사는 지구에는 바다도 있고, 산도 있고, 사람, 동물, 곤충도 살고, 그 위에 세계 각국의 수많은 건축물들이 있습니다. 이렇게 거대한 무게의 지구가 허공에서 어떻게 떨어지지 않고 둥둥 떠 있는지 신기합니다.

과학자들은 지구의 나이가 46억 살이라 추정합니다.

46억 년 전에는 지구가 없었다는 것입니다.

지구가 생기기 전에는 어떤 모습이었을까요?

우리가 살고 있는 지구도 언젠가는 없어지겠지요?

안　우리는 꽃이 피고 물이 흐르는 것은 좋아하고, 늙고 병드는 건 싫어합니다. 늙을 수 있어야 젊을 수도 있지 않겠습니까? '변한다'는 것은 인연과 조건이 있으면 일어났다 인연과 조건이 다하면 사라지는 것입니다.

태양이나 지구가 아무리 크다 해도 생긴 것은 반드시 없어집니다. 우리의 몸도 태어났으니 죽는 것이고, 생각이나 감정도 인연과 조건에 따라 생겼다가 인연과 조건이 다하면 사라지는 것입니다.

— 네. 그렇습니다.

안 우리는 변하는 재미를 굴리면서 인생살이를 합니다. 어릴 땐 어린아이로서 좋고, 젊을 땐 젊은 대로 좋고, 늙으면 늙은 대로 좋습니다. 꽃이 피면 피는 대로 아름답고, 꽃이 지면 지는 대로 숙연함이 있습니다.

— 변하는 이치로 보면 모든 것이 신비롭습니다.

안 밝음이 있기에 어둠이 있고, 좋은 것이 있기에 싫은 것이 있습니다. 나고 죽음, 젊고 늙음, 밝고 어둠, 좋고 싫음 등은 실체가 있는 것이 아니라, 인연과 조건에 따라 일어났다 인연과 조건이 다하면 사라집니다. 뿌리 없는 부평초(허공꽃) 같은 모습인데, 자꾸 그 모습에 쏠려서 들어앉습니다.

— 밝음과 어둠을 생각해 보면 쉽게 이해가 됩니다.

안 우리는 누에가 스스로 실을 내어 고치를 만들듯이, 뒤바뀐 생각과 고정된 관념으로 스스로를 가두어 모습에 들어앉아 분별하여 모든 것을 둘로 봅니다. 나와 너, 나의 것 너의 것, 나고 죽음, 선과 악, 깨침과 미함, 길고 짧음으로 분리하고 분별합니다. 그래서 그것들이 실체가 있다고 착각합니다.

— 여태까지 그렇게 생각하고 있었습니다.

안 나고 죽는 것이 아니라서 나고 죽음을 나투고, 선과 악이 아니라서 선과 악을 나투고, 남자와 여자가 아니라서 남자와 여자를 나투고, 깨침과 미함이 아니라서 깨침과 미함을 나툽니다. 길고 짧음이 아니라서 길고 짧음을 나툽니다.
변하는 것은 상대적입니다. 이름뿐입니다.
그런데 우리는 나고 죽는 앞소식인 바탕자리는 까맣게 잊어버리고, 나고 죽는 것에만 들어앉았습니다. 상대적으로 나는 것이 있기 때문에 죽는 것이 있습니다. 나기 때문에 죽는 것이고 죽기 때문에 나는 것입니다.

— 네. 이해됩니다.

안 죽지 않으려면 어떻게 해야 할까요?
— 나지 않으면 된다고 말씀하셨습니다.

안 우리는 이미 태어났는데 어떻게 나지 않을 수 있겠습니까?
여기서 나고 죽는 인생문제가 해결됩니다.
— 네. 깊이 생각해 봐야겠습니다.

안 2500년 전 석가모니 부처님의 몸도 태어나서 늙고 죽는 과정을 거쳐 사라졌습니다. 태양도 지구도 달도 내 몸도, 네 몸도, 내가 쓰는 마음도, 네가 쓰는 마음도, 세상의 모든 것이 모습이 있으니 잠시도 쉬지 않고 변합니다.

― 네. 그렇습니다.

안 변하는 모습 중에서도 '나라는 생각'이 가장 강력하게 달라붙어 있는 '몸뚱이'의 모습이 변한다는 사실을 아는 것은 매우 중요합니다.

― 왜 그렇습니까?

안 '내가 있다'라는 한 생각이 온갖 것을 일으키고, 몸뚱이가 잘
    살기 위해서 모든 일이 벌어집니다. '몸뚱이가 변한다'는 사
    실을 죽음을 맞이해서 아는 것이 아니라, 지금 이 순간 알아
    차린다면 어떻게 될까요?

— 몸뚱이가 진짜 내가 아님을 알 수 있을 것입니다.

안 몸뚱이가 진짜 내가 아닌 것을 느끼면 어떻게 될까요? 지금
    까지 애착하고 집착했던 것들을 조금 떨어져서 바라볼 수
    있게 되지 않을까요? 그래서 그것들을 내려놓을 수 있게 되
    지 않을까요?

— 네. 그럴 수 있을 것 같습니다.

안 몸뚱이가 변하는 것을 알게 되면, '내가 있다'라는 아상我想
    을 내려놓게 되고, '내가 있다'는 아상을 내려놓게 되면 내
    것을 내려놓게 됩니다. 그러면 삶과 죽음에 지배되는 피동
    적인 삶이 아니라, 삶과 죽음의 주인으로서 주동적인 삶을
    살 수 있는 첫 걸음을 내디딜 수 있지 않을까요?

— 그럴 수 있을 것 같습니다.

안 여기에서 임제스님의 '수처작주隨處作主 입처개진立處皆眞'이
    빛을 발하게 됩니다. '가는 곳마다 주인이 되면 서 있는 그곳
    이 진리가 된다'는 의미입니다.

    연못에 돌을 던지면 퍼져 나가는 물수제비처럼 나의 인생뿐

만 아니라, 내 주위가 바뀌고, 전 인류의 삶이 바뀔 것입니다. 여태까지 우리는 변하는 몸뚱이와 변하는 마음에 휘둘려서 이것을 관찰해 볼 겨를도 없이 지내왔습니다. 그래서 모든 모습이 진짜라고 착각하여, 모습에 애착하고 집착하여, 뒤바뀐 생각으로 모습놀이를 하면서 세찬 소용돌이 속으로 휘돌아 흘러갑니다. 내가 이미 모습 속에 들어앉아 있으면 모습이 가짜라는 사실을 알아차릴 수가 없습니다.

모습은 헛것이다

로또 이야기

"엊저녁 꿈에 로또 1등에 당첨되어 100억을 받았습니다.
다음날 아침 일어나서, 당첨금을 받으러 가시겠습니까?"
"가지 않습니다."
"왜 가지 않습니까?"
"꿈이니까요."
"왜 꿈에서 당첨된 100억을 받으러 가지 않습니까?"
"꿈은 헛것이고 가짜니까요. 진짜가 아닙니다."
"어떻게 꿈이 헛것이고 가짜인줄 압니까?"
"꿈에서 깨어났으니까요."

안 만약 어떤 사람이 꿈에서 당첨된 로또 당첨금을 받으러 간
다고 하면, 모두들 "꿈 깨!"라고 말할 것입니다. 대부분의 사
람들이 100억이라는 엄청난 돈에 대해 전혀 집착하지 않고
생각조차 하지 않는 것은, 꿈이 헛것이고 가짜인 것을 확실
하게 알기 때문입니다.
— 꿈이 가짜란 것을 모르는 사람은 없습니다.

안 만약 우리가 '인연과 조건으로 생긴 모습이 가짜'란 사실을
확실하게 안다면 어떤 일이 일어날까요? 우리의 삶이 어떻
게 변할까요? 세상은 또 어떻게 변할까요?
— 엄청난 변화가 일어날 것 같습니다.

안 우리는 "깨어나라!" 혹은 "깨어 있어라!"는 말을 많이 듣습
니다. 무엇에서 깨어나라는 것인가요? 어떻게 깨어 있으라
는 것인가요? 또한 이 말은 무슨 뜻인가요?
"꿈인 줄 알아라!"
우리가 밤에 꾸는 꿈은 아침에 깨어났기 때문에, '꿈에서 깨
어난다'는 것이 무슨 말인지 잘 알 수 있습니다.
— 네. 그렇습니다.
안 그렇다면 생시꿈에서는 어떻게 깨어날 수 있을까요?
'인연과 조건으로 생긴 모습은 변하고 헛것이고 머물 수 없
다!

모습은 변하는 것이고, 변하는 것은 가짜입니다. 가짜에 머물 수 없다는 것을 생활 속에서 연습하고 또 연습하여 직접 느껴야 합니다.

생시꿈

49세에 병환으로 돌아가신 친정어머니께서 돌아가시기 사흘 전 저에게 말했습니다.

"인생은 진짜 꿈이다. 나는 계속 잘살 줄 알았다."

우리가 살고 있는 꿈을 제1의 꿈이라고 하면, 잠잘 때 꿈은 제2의 꿈이라는 백봉선생님의 말씀을 실감하는 순간이었습니다.

"모든 것이 꿈과 같다"는 그 말씀이 제 뇌리에 깊숙이 박혔습니다.

어머니 돌아가실 때보다 더 나이를 먹은 딸의 마음에, 어머니와 함께했던 시간들이 아련한 추억으로 남아 있습니다.

어머니와 함께 '살았던 듯'합니다.

― 연습하면 가능한 일일까요?

안 처음에는 '인연과 조건으로 생긴 모습! 변한다 헛것이다 머물 수 없다!' 하는 것이 어려울 수 있겠지만, 꾸준히 연습하다 보면 그 뜻이 구체적이고 명료해지면서 점점 생각이나 감정으로 확장될 것입니다.

— '헛것이다'가 마음에 걸립니다.

안 일반적으로 '헛것이다'라는 말 자체가 우리에게 부정적으로 개념화 되어 있기 때문에, 처음에는 '허무하다'라고 느낄 수 있습니다. 그러나 나중에는 '헛것이기 때문에 이것도 나툴 수 있고, 저것도 나툴 수 있어서 자유롭구나! 하는 것을 알게 됩니다.

— 네. 그렇게 되었으면 좋겠습니다.

안 '헛것이다'라는 말은 '가짜구나! 환幻이구나!' 하는 뜻입니다. 원각경의 말씀을 소개하니 깊이 생각해 보십시오.

> 환인 줄 알면 곧 여의니 방편을 지을 것도 없고
> (지환즉리知幻卽離 부작방편不作方便)
> 환을 여의면 곧 각이라 또한 점차가 없다.
> (이환즉각離幻卽覺 역무점차亦無漸次)
> —〈원각경〉보현보살장

'인연과 조건으로 생긴 모습! 변한다 헛것이다 머물 수 없다!'라는 사실을 생활 속에서 꾸준히 관찰하고 연습하면, 모든 모습이 헛것이고, 가짜라는 것을 실제로 느끼게 됩니다. 관찰하면 멈추게 되고止, 멈추면 통찰하게 되면서觀 모습을 내려놓게 됩니다. 모습을 내려놓기 시작하면 '몸뚱이 나'라는 생각도 서서히 내려놓게 됩니다.

'몸뚱이 나'를 내려놓기 시작하면, 내 것을 내려놓게 되고, 옳고 그름, 이익과 손해도 내려놓게 됩니다. 여기서 얻을 바 없음(무소득無所得)을 이해하게 됩니다.

— 그렇게 되면 정말 편안할 것 같습니다.

안 '모습이 변하고 헛것이고 머물 수 없는 사실'을 알게 되면, 모습에 대한 뒤바뀐 생각을 내려놓게 됩니다. 애착과 집착, 욕심, 성냄, 어리석음(탐진치)이 실체가 없는 것을 보게 됨으로써 안심하게 됩니다.

나와 내 것이 본래 '뿌리 없는 것'임을 알게 됨으로써 '비워라! 방하착하라!'는 선지식들의 말씀을 가슴으로 느끼게 될 것입니다.

— 그럴 수 있을 것 같습니다.

안 '모습이 변하고 헛것이고 머물 수 없는 사실'을 꾸준히 연습해 나가면 구름이 걷히면 해가 보이듯이, 변하고 헛것인 모습의 변하지 않는 바탕이 드러납니다. 그러면 바탕을 나툰 자리에서 변하고 헛것인 모습을 잘 굴리게 됩니다.

여기서 금강경의 한 구절을 소개합니다.

일체 모든 유위법은 꿈 · 허깨비 · 물거품 · 그림자 · 이슬 · 번개

같으니 이렇게 관찰할지니라.

(일체유위법一切有爲法 여몽환포영如夢幻泡影 여로역여전如露亦如電

응작여시관應作如是觀)

— 〈금강경〉 제32 응화비진분應化非眞分

모습에 머물 수 없다

안 모든 모습은 인연과 조건에 따라 상호의존적으로 일어났다
    사라집니다.

    따라서 인연과 조건이 바뀌면 그 모습도 바뀌므로 쉬지 않
    고 변하면서 머물 수 없습니다. 머물 수 없는 모습에 '머물
    수 있다'라고 생각하는 것이 무지無知입니다. 무지는 번뇌를
    낳고 번뇌는 괴로움을 낳습니다.

— 머물 수 없는 모습에 머물면 어떻게 됩니까?

안 그것이 바로 괴로움입니다.

    모습은 자체성이 없고 변하고 헛것이고 머물 수 없습니다.
    좋은 모습에도 머물 수 없고, 나쁜 모습에도 머물 수 없습니
    다. 머물 수 없는 모습에 머무는 무지로 일어나는 것을 부처
    님께서는 '괴로움(고苦)'이라고 하셨습니다.

    고통의 근원인 무지에서 벗어나는 것이 진정한 괴로움의 소

멸이고 해탈입니다. 우리들은 모습을 진짜로 알아서, 거기에 쏙 들어앉아, 모습놀이를 하면서 시비 분별에 한없이 휩쓸리며 살아갑니다.

변하고 헛것이고 머물 수 없는 몸뚱이를 나와 동일시하면서 몸뚱이의 노예가 되고, 변하는 경계에 따라 일어나는 망심에 휘둘리면서, '진짜 내'가 무엇인지도 모른 채 사라져버린다면 얼마나 원통하고 애석한 일입니까?

― 네. 생각만 해도 허망합니다.

얼음 이야기

얼음에 나와 너를 써 놓으면 어떻게 될까요?

얼음에 화, 욕심, 어리석음을 써 놓으면 어떻게 될까요?

얼음에 행복과 불행을 써 놓으면 어떻게 될까요?

안 지금 책을 읽고 있습니다. 이 책은 하나의 모습입니다. 책의 재료인 나무를 언제 어디에서 심어서, 언제 어디서 베어서, 언제 어디서 종이로 만들어서, 언제 어디서 인쇄를 하고 책으로 만들어서, 언제 어디서 사서, 언제 어디서 내가 보고 있다는 시공간이 들러붙습니다.

― 네. 그렇습니다.

안 마찬가지로 몸뚱이도 하나의 모습입니다. 따라서 몸뚱이에
도 시공간이 들러붙습니다. 언제 어디서 태어나서, 나이가
들면서 젊고 늙음이 있게 되고, 젊고 늙음이 있으니 병들고
죽음이 있습니다. 몸뚱이는 나고 죽는 걸 면하지 못합니다.
나고 죽음이 있으면 천당과 지옥이 있습니다.

— 나고 죽음이 있으면 천당과 지옥이 있다는 게 어떤 뜻입니까?
안 태어나면 삶이 있으니 좋은 업과 나쁜 업을 수없이 짓게 됩
니다. 만약 나고 죽음이 없다면 천당과 지옥이 어떻게 있겠
습니까? 천당과 지옥도 모습입니다.
— 네. 천당과 지옥도 모습이라는 생각은 꿈에도 해 보지 못했
습니다.

안 몸뚱이는 한 순간도 쉬지 않고 변하기 때문에 어느 순간의
몸뚱이를 내 몸이라고 할 수 있겠습니까? 잠시도 쉬지 않
고 변하기 때문에 나라고 할 수 없습니다. 그런데 우리는 많
은 착각을 하며 살아갑니다. 그중에서도 가장 큰 착각이 변
하고 헛것이고 머물 수 없는 몸뚱이를 '나다. 내가 있다'라고
하는 것입니다.
— 그러면 진짜 나는 무엇입니까?
안 눈이라는 기관을 빌려서 보고, 귀라는 기관을 빌려서 듣고,
입이라는 기관을 빌려서 말하고, 불에 들어가도 타지 않고,

물에 들어가도 젖지 않는 '빛깔도 소리도 냄새도 없는 법신'
입니다.

— 법신이요? 법신에 대해 좀 더 자세히 설명해 주십시오.
안 보고 듣고 말하는 이 자리는 모습이 없습니다.
   모습이 없으니 시공간이 들러붙지 않고, 시공간이 들러붙지
   않으니 시작과 끝이 없고, 시작과 끝이 없으니 나고 죽음이
   없고, 나고 죽음이 없으니 늙고 젊음이 없습니다. '진짜 나'
   는 변할 것이 없는 빛깔도 소리도 냄새도 없는 법신입니다.

— 네. 이해합니다. 몸뚱이는 가짜 나, 법신이 진짜 나입니다.
안 자체성이 없고 변하고 헛것이고 머물 수 없는 모습을 잘 굴
   리되 절대로 모습에 들어앉아서는 안 됩니다. 우리는 스스
   로 불자라고 하지만, 부처님 가르침대로 행하지 않습니다.
   모습에 들러붙어서 모습놀이를 하면, 자기 부처 자기가 죽
   이는 것일 뿐 아니라 부처 씨까지 말려버리는 꼴입니다. 이
   건 정말 중요한 말입니다.

— 명심하겠습니다. 그런데 모습이 변하고 헛것이고 머물 수
   없는 이유가 자체성이 없기 때문이라 하셨습니다. 자체성이
   없다는 것이 이해가 어렵습니다.
안 자체 성품이 있다면 변하지 않을 것입니다. 자체성은 항상

변하지 않고 여여如如합니다. 변하지 않으려면 변할 것이 없어야 되고, 변할 것이 없다는 것은 결국 모습이 없어야 합니다. 모든 모습은 변합니다.

그래서 '모습이 자체성이 없다'는 것을 실제로 이해하고 파악하면 모습이 변하고 헛것이고 머물 수 없는 것임을 알 수 있고, 연기와 공성을 이해하고 파악할 수 있습니다.

— 네. 이제 모습엔 자체성이 없음이 이해됩니다.

안 모든 모습은 상호의존적이며, 원인과 조건들의 결과로서 생겨납니다. 이것이 모든 모습의 본성입니다. 또한 모든 모습은 공성의 표현입니다. 공성은 인과법칙을 가능하게 합니다. 즉 번뇌를 없애고, 고통의 원인을 없애는 가장 직접적인 방법은 공성에 대해 깊이 통찰하는 것입니다.

모습을 잘 굴리자

안 마음공부는 인생을 바꿀 수 있는 최고의 공부입니다.

— 어떻게 인생을 바꿀 수 있다는 말씀입니까?

안 원인因에 따라 결과果가 나타나면, 그 결과는 바로 원인이 되면서 또 다른 결과를 낳고, 그 결과가 다시 원인이 되면서 인과因果를 거듭하게 됩니다. 그러므로 좋은 인을 만들면 좋은 과가 나타나고, 나쁜 인을 만들면 나쁜 과가 나타납니다. 얼마나 희망적이며 자유롭고 통쾌한 일입니까?

— 부처님의 무유정법無有定法(정함이 없는 법)은 대자유고 대해탈이며 공덕장이라 했습니다. 어떻게 그것이 가능한가요?

안 인因도 과果도 허공성이기 때문에 변할 수 있고, 한 치의 오차 없이 이름뿐인 인과가 굴려지기 때문입니다.

— 좋은 인이란 무엇입니까?

안 모습은 고정불변하고 개별적이고 독립적으로 실재하는 실체가 없는 것(즉 자체성이 없고 변하고 헛것)임을 알아서, 모습에 머물지 않으면서 되돌아 모습을 잘 굴리는 것입니다.

— 그렇다면 나쁜 인이란 무엇입니까?

안 실체가 없는 이름뿐인 허망한 모습이 진짜인줄 알고, 거기에 머물러서 온갖 시비 분별을 일으키는 것입니다.

— 마음공부를 시작하는 데 가장 중요한 것은 무엇입니까?

안 변하지 않는 진짜와 변하는 가짜를 분명히 알아서 가짜에 머물지 않는 것입니다. 만약 변하고 헛것인 몸뚱이를 진짜 나로 알아서 공부한다면 '나는 경을 몇 번 읽었다, 나는 좌선을 몇 해 했다, 나는 염불을 얼마나 했다'라는 아상을 더욱 굳히는 결과를 낳게 됩니다.

그런 공부는 기생충에 비유할 수 있습니다. 기생충은 숙주의 몸에 붙어서 숙주의 영양으로 살아가다가 숙주가 죽으면 따라 죽습니다. 백봉선생님은 "불법은 사실을 사실대로 알아서 사실을 사실대로 행하는 것이다"라고 했습니다.

— 모습을 잘 굴리기 위해서 어떻게 해야 합니까?

안 연기와 공성의 이치, 즉 공리를 잘 이해하고 실질적으로 파악해야 합니다. 그러면 변하지 않는 바탕자리가 드러나서, 변하고 헛것인 모습을 잘 굴리게 됩니다. 모습공식을 꾸준히 연습하면 텅 빈 도리(공리空理), 하나인 도리를 실감하게 됩니다. 백봉선생님의 말씀을 다시 한 번 소개합니다.

"허공이 하나니 지도리가 하나요,
지도리가 하나니 생명이 하나다."

모습공식 연습하기

휴지통 이야기

휴지통을 현관 문 오른쪽에 10년 동안 두었다가 어느 날 왼쪽으로 옮겼습니다.

"왼쪽에 옮겨놓은 휴지통에 휴지를 잘 버릴 수 있을까요?"

"글쎄요. 습관 때문에 당분간 힘들 것 같습니다."

휴지를 버리려고 무심코 오른쪽으로 가서 보니 휴지통이 없습니다. 다시 왼쪽으로 가서 버립니다. (이런 사람이 많을 것입니다.)

'휴지통을 왼쪽으로 옮겼지'라고 생각하면서, 왼쪽으로 가서 휴지를 버립니다. (처음부터 이렇게 하기는 쉽지 않을 것입니다.)

안 이것은 휴지통뿐만 아니라 우리들의 일상생활 속에서 빈번히 일어나는 일입니다.

— 네. 이런 경험이 많습니다.

안 사람들이 가지고 있는 행동이나 생각, 습관들은 시대, 지역, 나라, 기후, 생태, 관습, 문화, 개인에 따라 다 다릅니다. 처음부터 그런 것이 아니었지만 점점 고정되고 굳어져서, 본래 그런 것이라고 착각하면서 그 사람을 지배하게 되는 것이 습관입니다.

— 충분히 이해됩니다.

안 그래서 대부분의 사람들은 행동하고 생각하고 감정을 나타
낼 때 자기만의 일정한 패턴을 가지고 있습니다. 그런데 대
부분 스스로 이것을 자각하지 못합니다.

— 생각과 감정까지 자신만의 일정한 패턴이 있다고는 생각해
보지 않았습니다.

안 처음부터 고정된 것은 아무것도 없습니다. 휴지통도 필요에
의해 오른쪽에 놓았을 뿐입니다. 시간이 지나면서 우리는
휴지통이 으레 오른쪽에 있다는 생각으로 고정되어 버립니
다. 그러나 다시 인연과 조건이 바뀌면 왼쪽으로 옮겨갈 수
있습니다.

— 네. 우리의 습관 전반에 나타나는 현상입니다.

안 인연과 조건이 변하면 모습도 변합니다. 모든 모습은 서로
의존적이므로 개별적이고 독립적으로 존재할 수 없습니다.
우리도 혼자 독립적으로 존재할 수 없고, 모든 인연과 조건
으로 연결되어 있습니다.

— 그러면 모습공식을 어떻게 굴려야 할까요?

안 생활 속에서 다음의 모습 공식으로 연습합니다.

'인연과 조건으로 생긴 모습! 변한다 헛것이다 머물 수 없다!' 그러나 대부분 처음에는 모습이 변하는 것을 실제로 보고 듣고 느끼고 알아차리는 것이 아니라, 말로만 하게 됩니다. 그래서 재미없고 시시하고 싫증난다고 느끼는 사람도 있을 수 있습니다.

— 그럴 수 있겠습니다.

안 만약 모습이 변하는 것을 직접 관찰할 수 있다면, 아름답고 신비롭고 역동적으로 변하는 모습을 보게 될 것입니다. 예를 들어 꽃을 자세히 관찰한다고 해 봅시다. 잠시도 쉬지 않고 변하는 꽃을 볼 수 있을 겁니다. 그러면 꽃이 헛것이고 머물 수 없음을 느끼기 시작합니다. 그렇게 연습하다 보면 나중에는 내가 가지고 있는 고정관념을 바라보기 시작합니다.

— 사물에서 시작해서 생각으로 옮겨가란 말씀이군요.

안 모습공식은 살아 있는 말(활구活句)이라 할 수 있습니다.
아침이 되면 밝아지고 밤이 되면 어두워지고, 비가 오고 눈이 오고 바람이 불고, 나고 죽고, 생각이 일어났다 사라지고, 좋아하고 싫어하고, 이렇게 움직이는 것이 변하는 도리입니다. 그런데 이것을 변하는 도리로 보는 사람들은 별로 없는 것 같습니다.

— 네. 저 역시 그렇습니다.

안　모습공식을 굴릴 때 가장 중요한 것은 우선 모습을 잘 관찰하여 모습이 '변한다'는 사실을 실제로 아는 것입니다. 일상생활이 전부 변하는 도리지만 우리들은 거기에 별로 관심이 없습니다. 늘 그렇게 해왔고 또 그러려니 하기 때문입니다.

실제 연습

◉ 관찰하기
① 몸뚱이를 모습공식으로 관찰해 봅시다.
몸뚱이는 자체성이 없다.
몸뚱이는 변한다.
몸뚱이는 헛것이다.
몸뚱이에 머물 수 없다.
몸뚱이를 잘 굴리자.

② 종소리를 모습공식으로 관찰해 봅시다.
종소리는 자체성이 없다.
종소리는 변한다.
종소리는 헛것이다.
종소리에 머물 수 없다.
종소리를 잘 굴리자.

③ 화를 모습공식으로 관찰해 봅시다.

화는 자체성이 없다.

화는 변한다.

화는 헛것이다.

화에 머물 수 없다.

화를 잘 굴리자.

◉ 적용하기

인연과 조건으로 생긴 (　)! 변한다 헛것이다 머물 수 없다!

눈으로 보는 모든 형상

귀로 듣는 모든 소리

코로 맡는 모든 냄새

혀로 맛보는 모든 맛

몸으로 느끼는 모든 감촉

뜻으로 헤아리는 모든 생각

인연과 조건으로 생긴 구름! 변한다 헛것이다 머물 수 없다!

인연과 조건으로 생긴 종소리! 변한다 헛것이다 머물 수 없다!

인연과 조건으로 생긴 꽃향기! 변한다 헛것이다 머물 수 없다!

인연과 조건으로 생긴 단맛! 변한다 헛것이다 머물 수 없다!

인연과 조건으로 생긴 부드러움! 변한다 헛것이다 머물 수 없다!

인연과 조건으로 생긴 좋고 싫음! 변한다 헛것이다 머물 수 없다!

● 눈으로 보는 모습 연습하기

　모습공식을 연습할 때는 가장 먼저 눈으로 보는 모습을 대상으로 하는 것이 좋습니다. 시각은 우리의 감각 중 70% 이상을 차지하는 중요한 감각이기 때문입니다(눈으로 보기 어려운 경우에는 소리로 해도 좋습니다)

① 전체로 보기

'인연과 조건으로 생긴 눈으로 보는 모습! 변한다 헛것이다 머물 수 없다!'를 연습하면, 그것으로 인해 일어나는 많은 분별 망상을 내려놓게 됩니다.

한 번의 낚시에서 한 마리의 물고기를 잡아 올리듯이
한 번에 하나씩 콕콕 걷어잡아서 연습합니다.

인연과 조건으로 생긴 시계! 변한다 헛것이다 머물 수 없다!
인연과 조건으로 생긴 책상! 변한다 헛것이다 머물 수 없다!
인연과 조건으로 생긴 나무! 변한다 헛것이다 머물 수 없다!

처음에는 형태가 있는 것을 하나씩 콕콕 걷어잡아서 연습하다 보면, 나중에는 눈으로 보는 모습이라고 생각하지 않았던 색깔, 밝음, 어둠, 표정, 움직임 등이 전부 눈으로 보는 모습이라는 것을 깨닫게 됩니다.

② 쪼개서 보기

'인연과 조건으로 생긴 시계! 변한다 헛것이다 머물 수 없다!'를 꾸준히 연습한 다음 시계를 구성하고 있는 프레임, 시침, 분침, 초침, 숫자, 크기, 모양, 색깔, 재질 등을 하나씩 분리해서 봅니다. 이것을 '쪼개서 본다'라고 합니다.

인연과 조건으로 생긴 프레임! 변한다 헛것이다 머물 수 없다!
인연과 조건으로 생긴 분침! 변한다 헛것이다 머물 수 없다!
인연과 조건으로 생긴 숫자! 변한다 헛것이다 머물 수 없다!

그러면 시계라는 것이 본래 실체가 있는 것이 아니라 이름뿐이라는 것을 보게 됩니다. 시계가 자체성이 없다는 것을 알게 됩니다.

③ 이름 붙이지 않고 '변하는 도리'로 보기

다음은 시계라는 이름을 붙이지 않고 그냥 시계를 봅니다. 그러면 시계의 전체를 볼 수 있게 되고 시침과 분침의 움직임, 소리와 시간이 흐르는 것을 보게 됩니다. 이것을 '변하는 도리로 본다'라고 말합니다.

변하는 도리로 보기 시작하면 내가 가지고 있는 고정관념에서 벗어나 현재 일어나고 있는 상태를 볼 수 있습니다. 그러면 '지금 여기'에 있기 시작합니다.

◉ 관찰, 멈춤, 통찰

 눈으로 보는 모습을 하나씩 콕콕 걷어잡아서 꾸준히 연습하면, 모습이 변하는 것을 실제로 보는 순간이 옵니다. 그러면 소리나 감각의 변하는 모습을 보게 되고, 점점 생각과 감정 등으로 확장되기 시작합니다.

 모든 모습이 인연과 조건으로 일어났다 인연과 조건이 다하면 사라진다는 사실을 관찰하게 되면 멈춤이 일어납니다. 멈춤이 일어나면 사실대로 통찰하게 됩니다. 통찰이 일어나면 생활 속에서 사실대로 실행할 수 있는 힘이 생깁니다.
즉 수행의 내 살림이 생깁니다. 내가 변화되고, 내가 변화됨으로써 주위가 변화되기 시작합니다. 특히 나와 동일시하는 자기 몸뚱이를 관찰하는 것은 매우 중요합니다.

 인연과 조건으로 생긴 몸뚱이! 변한다 헛것이다 머물 수 없다!

 몸뚱이를 계속 관찰하다 보면, 몸뚱이는 많은 기관들로 구성되어 있고, 자체성이 없음을 파악하게 됩니다. 만약 몸뚱이를 나라고 착각하면, 우리는 필연적으로 죽음을 맞이하게 되고, 몸뚱이가 변함에 따라 허무와 고통에서 벗어날 수 없고, 시비분별에서 헤어날 수 없습니다.

 모습공식은 생활 속에서 연기와 공성을 실질적으로 이해하고 파악하여, 모습을 잘 굴려서 건강하고 따뜻하고 행복한 인생살이를 굴려가는 방편입니다.

　모습공식을 꾸준히 연습하면 부처님께서 말씀하신 제행무상諸
行無常 제법무아諸法無我의 이치가 마음으로 다가오면서, 진짜 나
는 '빛깔도 소리도 냄새도 없는 허공으로서의 나'임을 확신하게
됩니다.
부처님의 가르침은 일체 중생이 고苦의 원인을 알고 그것에서 벗
어나는 길을 알려주신 최고의 진리입니다. 우다나 메기야 경의
말씀을 마음 깊이 새겨두시기 바랍니다.

　　부처님께서 "메기야여, 수행자가 모든 것이 무상하다는 생각
　　을 얻으면 반드시 무아라는 생각을 얻을 것이다. 만약 수행자가
　　무아라는 생각을 얻으면 그 자리에서 '내가 있다'는 일체의 아만
　　을 끊고 현세에서 무위無爲와 열반涅槃을 얻을 것이다"라고 말씀
　　하셨습니다.
　　　＿〈우다나 메기야 경〉

모습공식을 연습하면

① 현재 서 있는 나의 위치를 보게 됩니다.
모습이 자체성이 있고 변하지 않고 진짜고 머물 수 있다는 뒤바뀐

생각으로 모습에 들어앉아, 온갖 분별망상과 시비를 일으키고 있는 나의 위치를 관찰하게 됩니다. 모습에 머물면 괴로움입니다.

② 모습의 원리를 이해하고 생활에서 적용하기 시작합니다.
연기와 공성을 실제로 이해하기 시작하면서 지혜가 증장되어 생활에 직접 적용하여 삶이 변화하기 시작합니다.

③ '고정불변하고 독립적이며 개별적인 내'가 없다는 것을 관찰하게 됩니다.
처음 모습공식을 연습할 때는 '인연과 조건으로 생긴 모습! 자체성이 없다, 변한다 헛것이다 머물 수 없다'를 '몸뚱이 나'로서 하게 됩니다.
모습공식을 '하는 자'가 있고, 변하고 헛것이고 머물 수 없는 상대가 있는 것입니다. 그렇게 안과 밖을 나누게 되는데, 처음에는 어쩔 수 없습니다. 꾸준히 연습하면 어느새 달라져 있는 자신을 발견하게 될 것입니다.
"공부하기 어렵네" 하고 말하는 자가 누구입니까?
'인연과 조건으로 생긴 공부하기 어렵네! 변한다 헛것이다 머물 수 없다!' 하고 가만히 내려놓으면 저절로 사라집니다. 그러면 '아! 이것이 자체성이 없고 변하고 헛것이고 머물 수 없는 것이구나!' 하는 것을 실제로 알게 됩니다. 만약 그 생각을 없애려고 하면 없애려는 자가 또 있습니다. 그래서 고리를 더 엮게 됩니다.

모습공식을 연습하다 보면 '변한다 헛것이다 머물 수 없다라고 하는 자가 누구인가?'를 스스로에게 묻게 됩니다. '인연과 조건 으로 생긴 모습공식 하는 자가 누구인가? 변한다 헛것이다 머물 수 없다!'라고 하면서 '누구인가?' 하는 것도 놓아버리세요.

그러면 이제까지 나라는 경계를 지어 놓고, 안과 밖을 나누어서 항상 안에서 밖으로 보고 있었음을 알게 됩니다. 모든 것을 둘로 보고, 상대적으로 보고 있다는 것을 파악하게 됩니다. 나와 내 것(아我와 아소我所), 얻을 바와 얻을 바 없음(소득所得과 무소득無所得)을 이해하고 실질적으로 파악하게 됩니다.

④ 변하는 도리에서 변하지 않는 도리가 드러납니다.

변하는 경계에 따라 일어나는 망심을 내려놓고 바탕자리로 돌아 가게 됩니다. '변하고 헛것이고 머물 수 없다'라고 하는 자가 바 탕으로 돌아가면 '바탕으로서의 내'가 됩니다. 몸뚱이, 생각, 모 든 모습이 자체성이 없고 변하고 헛것이고 머물 수 없는 것을 실 질적으로 파악하면, 인연과 조건으로 생긴 모든 모습은 바탕의 작용임을 알게 됩니다. 그러면 바탕을 나툰 자리에서 모습을 잘 굴리게 됩니다. 새말귀를 굴리게 되는 것입니다.

⑤ '모습을 잘 굴리자. 바탕을 나투자' 새말귀를 굴릴 수 있습니다.

모습공식은 활구입니다. 생활 속에서 모습의 속성을 직접 경험 하고 느낌으로써 연기와 공성의 이치를 실질적으로 통찰할 수

있게 됩니다. 그러면 지혜가 증장되고, 지혜가 증장되면 자비심
이 길러집니다. 자기의 삶이 변화되고, 자기의 삶이 변화되면 주
위의 삶들도 변하기 시작합니다.

원숭이 이야기

투명한 상자에 구멍을 뚫어 그 안에 바나나를 넣어 놓았습니다.

원숭이가 와서 그 구멍 속으로 손을 넣고 바나나를 움켜잡습니다.

그런데 손이 빠지지 않습니다. 이것이 원숭이를 잡는 방법이라고
합니다.

원숭이는 상자에서 어떻게 손을 뺄 수 있을까요?

2. 바탕공식

바탕공식에 들어가기 전에

안 모습공식으로 모습을 자세히 관찰하면 모습이 자체성이 없
고 변하고 헛것이고 머물 수 없는 속성을 알 수 있습니다.
모습이 헛것인 줄 알면 변하지 않는 모습의 바탕이 드러납
니다.

— 이해가 잘 안 됩니다.

안 그럴 수 있습니다. 이것은 직접 연습해 봐야 알 수 있는 부
분입니다. 우리는 오랫동안 수행해야 자기 성품(자성自性)을
볼 수 있다는 고정관념을 갖고 있습니다. 하지만 이것은 사

실이 아닙니다. 모습에 들어앉아 성품을 잊어버려도 그 자리는 없어지는 것이 아니고, 성품을 되밝혀도 그 자리는 얻어지지 않습니다. 우리의 성품은 모습이 없고, 시공간이 끊어지고, 나고 죽고, 가고 오는 것이 끊어진 자리입니다.

— 바탕공식을 연습하면 어떤 일이 일어납니까?

안   바탕공식은 밖으로 향하던 관심의 방향을 안으로 돌려서, 안과 밖의 바탕자리를 직접 경험할 수 있는 방편입니다. 즉 내가 나를 직접 만나는 것입니다.

그래서 나는 본래 '허공으로서의 나'임을 믿고 결정해서 달려들어야 합니다. 이를 정리하자면 다음과 같습니다.

신信 : 본래 나는 허공으로서의 나임을 믿고

해解 : 공부의 윤곽과 바탕을 마련하고

행行 : 모습공식, 바탕공식, 새말귀를 잘 굴려서

증證 : 허공으로서의 나가 된다.

— 바탕이란 개념에 대해 좀 더 자세히 설명해주십시오.

안   영화를 본다고 생각해 보십시오. 모니터에 영상이 나타나면 그것이 꼭 실재하는 것 같습니다. 가상현실이나 증강현실에서도 마찬가지입니다. 영상이 나타나도 모니터는 영상에 물들지 않고, 영상이 사라져도 모니터는 항상 그대로입니다.

그런데 영상에 들어앉아버리면 영상의 바탕인 모니터를 잊

어버립니다. 모니터를 보면서 영상을 보면, 변하는 영상에
들어앉지 않고 영상을 잘 볼 수 있습니다.

비밀번호 이야기

어떤 사람이 부처나라의 문 앞에서 비밀번호를 누르고 또 누릅니다.
아무리 해도 문이 열리지 않자 옆에 있는 사람에게 묻습니다.
"여기 비밀번호가 '나는 중생이다'아닌가요?"
옆 사람이 말없이 문 위에 적힌 비밀번호를 가리킵니다.
거기엔 이렇게 적혀 있었습니다.
'나는 부처다.'

— 　모든 모습의 바탕으로 관점을 돌리라는 말씀입니까?

안　그렇습니다. 아침이 되면 밝음이 오고 어둠이 사라집니다.
　　밤이 되면 어둠이 오고 밝음이 사라집니다. 불을 켜면 밝아
　　지고 끄면 어두워집니다. 밝음과 어둠의 바탕은 밝음에도
　　물들지 않고 어둠에도 물들지 않습니다.

— 　바탕공식을 연습하면 '나'라는 생각에 휘둘리지 않을 수 있
　　을 것 같습니다.

안　우리는 보고 듣고 생각하거나, 좋고 싫은 감정을 느끼거나,

행동을 할 때 언제나 행동하는 '행위자' 즉 '몸뚱이 내'가 있습니다. 그러나 깊은 잠을 잘 때나 무엇엔가 몰입해 있을 때는 나라는 생각이 사라집니다. 그때는 '행복하다 불행하다'는 생각도 사라집니다. 잠에서 깨어나면 나라는 생각도 같이 일어나고 '행복하다 불행하다'는 생각도 함께 일어납니다. 생각해 보십시오.

행복과 불행을 느끼는 자가 누구입니까?

나라고 생각하는 자가 누구입니까?

— 바탕을 드러내려면 어떻게 해야 할까요?

안 우리는 자체성이 없고 변하고 헛것이고 머물 수 없는 몸뚱이와 망심에 들어앉아 '몸뚱이가 나다, 내가 있다'라고 뒤바뀐 생각을 합니다. 따라서 안과 밖을 나누어 늘 밖으로 보고 있기 때문에 안과 밖의 바탕을 잊어버렸습니다.

안과 밖 모두의 모습에 머물지 않으면 빛깔도 소리도 냄새도 없는 바탕이 드러납니다.

변하는 것은 변하지 않는 것의 작용입니다.

변하지 않는 것은 변하는 것의 바탕입니다.

바탕과 작용은 둘이 아닙니다.

진짜 나, 이 자리 하나뿐입니다.

— 모습공식과 바탕공식을 동시에 연습해야 할까요?

안   모습공식을 체계적으로 충분히 연습하여 연기와 공성, 즉
공리를 파악한 후에 바탕공식을 합니다.

바탕공식이란

바탕공식을 소개하겠습니다.

【 바탕공식 】

모습을 본다.
허공 속의 모습을 본다.
모습은 허공에서 생겨나서 허공으로 사라진다.
모습에 들어앉으면 허공을 잊어버린다.
텅 빈 허공을 본다.
나는 허공으로서의 나다.

* '허공' 대신에 '바탕'과 '성품'을 넣어도 같은 의미가 됩니다.
　허공과 바탕, 성품은 절대평등성을 뜻하는 이름입니다.

모습을 본다.
바탕 속의 모습을 본다.
모습은 바탕에서 생겨나서 바탕으로 사라진다.
모습에 들어앉으면 바탕을 잊어버린다.
텅 빈 바탕을 본다.

나는 바탕으로서의 나다.

모습을 본다.
성품 속의 모습을 본다.
모습은 성품에서 생겨나서 성품으로 사라진다.
모습에 들어앉으면 성품을 잊어버린다.
텅 빈 성품을 본다.
나는 성품으로서의 나다.

① 모습을 본다.
인연과 조건으로 생긴 모습을 봅니다.

② 허공 속의 모습을 본다.
모습을 보다가 관심의 방향을 살짝 돌려서 허공(바탕) 속의 모습
을 봅니다. 마치 물 위의 물거품을 보다가 관심의 방향을 살짝
돌려 물을 보는 것처럼….

③ 모습은 허공에서 생겨나서 허공으로 사라진다.
허공(바탕)에서 인연과 조건으로 생긴 모습은 인연과 조건이 다하
면 허공(바탕)으로 사라집니다. 변하는 모습은 텅 빈 허공(바탕)의
작용입니다. 모습이 생겨났다 사라져도 허공(바탕)은 항상 그만 그
대로입니다. 마치 비가 오고 눈이 와도 허공은 변하지 않듯이….

④ 모습에 들어앉으면 허공을 잊어버린다.

모습에 들어앉으면 허공(바탕)을 잊어버립니다. 변하는 모습에 들어앉으면 다시 텅 빈 허공(바탕)을 봅니다. 모습은 변하지만 텅 빈 허공(바탕)은 변할 것이 없습니다.

⑤ 텅 빈 허공을 본다.

텅 빈 허공(바탕)을 봅니다.

⑥ 나는 허공으로서의 나다.

나는 허공(바탕)으로서의 나입니다.

허공 스크린 이야기

영화를 봅니다.

나는 관객입니다.

온 허공이 스크린이 된다면

허공 속의 모든 모습은 배우가 됩니다.

나도 배우가 됩니다.

관객이 사라집니다.

실제 연습

바탕공식을 연습해봅시다. 먼저 '밝음, 어둠'을 각각 넣어 봅시다.

(밝음, 어둠)을 본다.
허공 속의 (밝음, 어둠)을 본다.
(밝음, 어둠)은 허공에서 생겨나서 허공으로 사라진다.
(밝음, 어둠)에 들어앉으면 허공을 잊어버린다.
텅 빈 허공을 본다.
나는 허공으로서의 나다.

앞의 괄호 부분에 '몸뚱이'를 넣어 보세요.

(몸뚱이)를 본다.
허공 속의 (몸뚱이)를 본다.
(몸뚱이)는 허공에서 생겨나서 허공으로 사라진다.
(몸뚱이)에 들어앉으면 허공을 잊어버린다.
텅 빈 허공을 본다.
나는 허공으로서의 나다.

이제 괄호 부분에 '생각'과 '소리'를 넣어 보세요.

(생각)을 본다.

바탕 속의 (생각)을 본다.

(생각)은 바탕에서 생겨나서 바탕으로 사라진다.

(생각)에 들어앉으면 바탕을 잊어버린다.

텅 빈 바탕을 본다.

나는 바탕으로서의 나다

(소리)를 본다.

성품속의 (소리)를 본다.

(소리)는 성품에서 생겨나서 성품으로 사라진다.

(소리)에 들어앉으면 성품을 잊어버린다.

텅 빈 성품을 본다.

나는 성품으로서의 나다.

　괄호 속에 '냄새, 맛, 감촉, 감정(화, 불안, 슬픔, 기쁨, 아픔), 나라는 생각, 안다 모른다'를 차례로 넣어 보세요.

바탕공식을 연습하면

① 내가 나를 직접 만난다.

나는 개별적이고 고정불변하고 독립적인 한 개체라는 고정관념에서 벗어나 전체성으로서의 바탕자리를 경험할 수 있습니다. 모든 모습은 바탕의 작용이므로 모습이 일어나는 바탕으로 관심을 돌려 바탕을 보는 자가 바탕으로 돌아갑니다. 바탕을 보는 자가 곧 바탕입니다.

내가 나를 직접 만나는 것입니다.

② 새말귀를 굴린다.

바탕공식을 꾸준히 연습하면 생활하는 가운데서 모습을 잘 굴릴 수 있습니다. 빛깔도 소리도 냄새도 없는 바탕을 나툰 자리에서 인연과 조건으로 생긴 모습을 잘 굴립니다.

③ 어떤 상황에서도 바탕을 나툰다.

우리는 뒤바뀐 고정관념이 어떤 역할을 하는지 이해하고 그것을 제대로 다루는 방법을 아는 것이 중요합니다. 인연과 조건으로 생긴 모습에 대해 어떻게 하려고 애쓰지 않아도 바탕을 나투는 것이 가능합니다.

기쁨, 불안, 아픔, 고통 같은 강렬한 경험을 하는 동안에도 텅 빈 바탕을 나툽니다.

지구 그대로 헛것, 실답지 않은 것, 허공성으로 봅니다.
우리의 몸도 그대로 두고 헛것, 실답지 않은 것, 허공성으로
봅니다.
모든 모습 그대로 두고 헛것으로 볼 줄 알아야 합니다.

우리는 '몸뚱이 눈으로 내가 본다'라고 생각합니다. 즉 보는 주
체가 있고 보이는 대상이 있기 때문에 주체와 객체를 둘로 보는
분별 상태에 있습니다. 그러나 눈은 자체성이 없기 때문에, 법신
자리가 무정물인 눈이라는 기관을 통해서 봅니다. 빛깔도 소리
도 냄새도 없는 법신자리는 '없는 나'입니다.

'보는 자' 없이 '보이는 대상'이 있을 수 없습니다.
'보는 자'가 곧 '보이는 대상'입니다.
법신자리는 모습이 없어서 보는 자도 보이는 대상도 아닙니다.

빛깔도 소리도 냄새도 없는 법신자리가 '진짜 나'입니다.
'텅 빈 이 자리'뿐입니다.

번뇌를 어떻게 없앨 수 있을까요?
번뇌가 일어난 바탕으로 돌아가는 것입니다.

번뇌와 바탕은 둘이 아닙니다.

수행이란 무엇일까요?
마음을 집중하는 것도 아니고, 없애는 것도 아닙니다.
모습놀이 할 때마다 모습의 바탕으로 돌아가는 것입니다.
상대성을 걷어잡고 절대성으로 돌아가는 것입니다.
바탕을 나툰 자리에서 모습을 잘 굴립니다.
청정심淸淨心으로 청정행淸淨行을 굴립니다.

부지깽이 이야기

　나무로 불을 땔 때 나무를 잘 태우기 위하여 부지깽이로 나무를 이리저리 뒤적입니다.
　그러다가 나중에는 부지깽이조차 불 속에 던져버립니다.

● ● ● 둘째 마디에서 생각해 본 것들
　　　모습공식이란?
　　　모습공식 연습하기
　　　모습공식을 연습하면
　　　바탕공식이란?

바탕공식 연습하기
바탕공식을 연습하면

셋째 마디

1. 새말귀란 무엇인가?

안 우리는 앞에서 보고 듣고 말하고 감각하고 생각하는 것이
　　몸뚱이가 아니고 우리의 법신, 성품이라고 했습니다.
─ 네. 그렇습니다.

안 그런데 보고 듣고 말하고 감각하고 생각하는 우리의 성품은
　　모습이 없어서 찾을 수 없습니다.
─ 네. 이해하고 있습니다.

안 맑은 물에 흙을 넣으면 어떻게 됩니까?
─ 흙탕물이 됩니다.

안　맑은 물을 되찾으려면 어떻게 해야 합니까?

—　가만히 두면 흙이 가라앉아 물이 맑아집니다.

안　그렇습니다. 흙만 가라앉으면 맑은 물이 됩니다. 이와 마찬
　　가지로 우리 본래의 청정한 성품이 뒤바뀐 생각으로 흙탕물
　　이 되었지만, 가만히 가라앉으면 본래의 맑은 성품이 드러
　　납니다.
　　우리 본래의 청정한 성품을 드러내는 것이 바로 선禪입니다.

—　아! 그렇군요. 그런 생각은 해 보지 않았습니다.

안　우리들은 '몸뚱이가 내다, 내가 있다, 변하는 경계에 따라
　　변하는 망심이 내 마음이다'라는 뒤바뀐 생각으로 사실대로
　　보지 못하고, 애착하고 집착하기 때문에 본래의 청정한 성
　　품을 잊어버렸습니다. 흙탕물이 되었습니다. 그러면 어떻게
　　해야 할까요?

—　가라앉아야 합니다.

안　무엇이 가라앉아야 됩니까?

—　'몸뚱이가 내다, 내가 있다, 경계에 따라 변하는 망심이 내
　　마음이다' 하는 뒤바뀐 생각이 가라앉아야 되는 것 같습니
　　다.

안　그렇습니다. 그것을 '분별망상分別妄想'이라고 합니다. 이 분별망상만 가라앉으면 우리 본래의 청정한 성품이 드러납니다. 그런데 사람들은 나의 성품을 찾으러 돌아다닙니다. 그러면 찾을 수 있겠습니까?

—　찾을 수 없습니다.

안　평생 돌아다녀도 찾지 못할 것입니다. 내가 나를 찾을 수 있을까요?

—　불가능할 것 같습니다.

안　우리 본래의 청정한 성품을 드러내려면 분별망상이 가라앉아야 된다고 했는데, 어떻게 해야 그럴 수 있을까요?

—　글쎄요.

안　우리가 보고 듣고 말하고 감각하고 생각하는 '모든 모습에 머물지 않아야' 합니다.

—　다시 한 번 말씀해주십시오. 어떻게 머물지 않을 수 있습니까?

안　앞에서 모든 모습은 인연과 조건으로 생겼다가 인연과 조건이 다하면 사라진다고 했습니다.

—　네. 기억하고 있습니다.

안　모든 모습은 상호의존적이며 실체가 없고 변하므로 이름뿐
　　인 가짜입니다.
— 네. 맞습니다.

안　모든 모습은 자체성이 없고 변하고 헛것이고 머물 수 없으
　　므로 애착과 집착을 놓으면 가라앉게 됩니다.
　　이것을 '망심을 쉰다'라고 합니다.
— 그런데 그것이 잘 안 됩니다.

안　그렇습니다. 워낙 뒤바뀐 생각으로 보고 듣고 생각하는 습
　　관에 찌들어서 잘 안 되겠지만, 모든 모습은 자체성이 없고
　　변하고 헛것이고 머물 수 없는 것임을 이해하고 연습하면 우
　　리의 성품을 드러낼 수 있습니다. 그래서 움직이고 머물고
　　앉고 눕는 행주좌와行住坐臥가 모두 선이라고 하는 것입니다.
— 저는 앉는 것만이 선인 줄 알았습니다.

안　아무래도 처음 공부하는 사람들은 앉으면 마음이 가라앉기
　　가 한결 쉬울 것입니다. 하지만 앉는 것만이 선이 아니고 살
　　아가는 모든 것이 선입니다.
— 아! 그렇군요.
안　지금부터 새말귀에 대해 얘기해 봅시다. 새말귀는 새 화두新
　　話頭입니다. 가정과 사회를 가꾸기 위해 바쁘게 살아가는 보

통 사람들이 수행할 수 있는 새로운 공부 방법이지요.

— 새로운 공부 방법이 왜 필요한가요?

안 백봉선생님은 세속의 인연을 끊고 수행의 길에 들어선 수행
   자들을 '승가풍'이라고 하고, 가정과 사회에서 생활하는 일
   반 사람들을 '거사풍'이라고 하였습니다.
   24시간 수행에 몰입할 수 있는 승가풍과 가정을 꾸리고 사
   회를 이끌어 가야 하는 거사풍은 수행의 환경이 다릅니다.
   또한 예전과 달리 과학과 의학이 발전하여 인지가 발달되었
   기 때문에 그 방편도 달라져야 하므로 새로운 수행 방편인
   '새말귀'를 주창하신 것입니다.

🪷

새말귀란 '연緣에 따르는 바깥 경계를 굴리고 또한 경계에 굴리
이는 것은, 실로 나의 무상신無相身이 그 심기心機의 느낌대로 무
정물인 색상신色相身을 걸어잡고 행동으로 나툰다'는 도리를 깊이
인식하고, '모습을 잘 굴리자'라는 말귀를 세워서 나아가자는 뜻이
다.

예를 들어서 만약 핸들을 돌리고 키를 트는 데도 잘 돌리고 잘 틀
어야 할 것이니, '모습을 잘 굴리자'라는 말귀와는 통하여서 그 실實
을 거둘 수가 있겠으나, 화두가 순일하여서는 또한 잘 안 될 것이다.

학인들은 거사풍이라는 사실을 바탕으로 하여서,

아침에는 '모습을 잘 굴리자'라는 뜻으로 세간에 뛰어들고, 낮에는 '모습을 잘 굴린다'라는 뜻으로 책임을 다하고, 저녁에는 '모습을 잘 굴렸나'라는 뜻으로 희열喜悅을 느끼고, 시간을 얻어서 앉을 때는 나는 '밝음도 아니요 어둠도 아닌 바탕을 나투자'라는 여김으로 삼매三昧에 잠길 줄을 알면, 이에 따라 깨친 뒤의 수행도 또한 '모습을 잘 굴리자'라는 테두리를 벗어나지 않을 것이다.

거사풍으로서의 대치법은

첫째, 설법을 통하여 일체 만법인 상대성은 본래로 흘연독존屹然獨尊*인 절대성의 굴림새라는 그 사실을 학인에게 이론적으로 깨우치고,

둘째, 학인들은 반드시 무상법신無相法身이 유상색신有相色身을 굴린다는 그 사실을 실질적으로 파악한 다음에 화두를 지님이 규범적인 특징이라 하겠으니, 저절로 그 수단과 그 방편은 동과 정으로 승과 속으로 달라지게 마련이다.

거사풍인 학인들이여!

'모습을 잘 굴리자'라는 일념一念으로 무상신無相身임을 돈증頓證하면 만겁萬劫의 공덕장功德藏을 성취하리니,

그 때를 기다려 동해수東海水를 일구一口(한입)로 흡진吸盡**하기 바란다.

* 흘연독존屹然獨尊: 우뚝 홀로 존귀함 ** 흡진吸盡: 다 마셔버림

— 새말귀 공부는 어떻게 하는 것입니까?

안 새말귀는 첫째, 설법을 통하여 '일체만법인 상대성은 절대성의 굴림새라는 사실을 이론적으로 설명'하여 그 이치를 깨우치게 합니다.

둘째, 반드시 '무상법신無相法身(모습 없는 법신)이, 유상색신有相色身(모습 있는 몸뚱이)을 굴린다는 사실을 실질적으로 파악'한 다음 새말귀를 가지게 됩니다. 공부의 윤곽과 바탕을 마련한 다음 새말귀를 가지라는 말입니다.

새말귀로 공부하거나, 새말귀를 지도할 수 있는 인연이 닿는다면, 반드시 이 점을 명심해야 합니다.

— 네. 마음에 새겨 두겠습니다.

안 이제 새말귀를 살펴 보겠습니다.

첫째, 내가 부처임을 믿고 들어갑니다.

둘째, 일상생활이 바로 견성의 도리이며 수행입니다.

셋째, '모습을 잘 굴리자' '바탕을 나투자'라는 말귀로 깨닫기 전이나 깨달은 후에도 한결같이 수행하는 방편입니다.

넷째, 절대성을 안 놓치고 상대성을 굴리고, 상대성을 굴리되 절대성을 안 놓치는 둘이 아닌(불이不二) 방편입니다.

다섯째, 수행의 지름길이며 전체 중생을 제도할 수 있는 방편입니다.

2. 새말귀 실제 수행

나는 부처다

설법을 통하여 공부의 윤곽과 바탕을 마련한 다음, 새말귀를 가지고 '나는 부처다'라는 걸 바로 인정하고 믿고 들어가는 거예요. 바로 직접 땅을 한 번 굴려서 여래如來 땅에 들어가는 이 법을 실행하자 이거여. 처음에는 실감이 안 나지만, 차차차차 실감 오는 것이 한 달 두 달 달라집니다. 다른 길이 있다면 모르겠는데 그것밖에는 길이 없어요. 도리를 알아서 믿고 일 년만 행해 보세요. 달라져요. 달라진 것을 자기 자신이 알게 됩니다.

— '새말귀'는 설법을 통하여 공부의 윤곽과 바탕을 마련한 후에 '나는 부처다'라고 믿고 들어가는 방편이라 하셨습니다. 그런데 무엇을 믿고 들어간다는 것인지, 이해가 잘 되지 않습니다.

안 '몸뚱이는 무정물이다, 성품이 없다, 법신자리가 무정물인 몸뚱이를 굴린다'라는 것을 믿고 들어갑니다. 앉을 때는 '밝음도 아니고 어둠도 아닌(비명비암非明非暗) 바탕을 나투자'라고 합니다.

— 그래도 명확하지가 않습니다.

안 처음에는 그럴 수 있습니다. 앞에서 선이란 무엇이라고 했습니까? 보고 듣고 말하고 생각하는 우리 본래의 성품을 드러내는 것이라고 했지요?

— 네. 그렇습니다.

안 몸뚱이는 무정물이라서 보고 듣고 말하고 생각하지 못합니다. 따라서 보고 듣고 말하고 생각하는 진짜 나를 드러내는 것이 선이고 수행입니다.

— 네. 이해했습니다.

안 새말귀는 모습 없는 법신이 무정물인 몸뚱이를 굴려서 밥도 먹고 일도 합니다. 앉을 때는 밝지도 않고 어둡지도 않는 바탕을 나툽니다. 공부의 윤곽과 바탕을 마련하여 차근차근 공부하면 새말귀를 굴릴 수 있습니다.

◉ 몸뚱이는 성품이 없다

안 우리는 앞에서 '몸뚱이는 무정물'이라고 했습니다. 이것은 공부의 첫 관문이면서 매우 중요한 요점입니다. 스스로 관찰하고 느껴야 합니다.

'몸뚱이는 성품性品이 없다. 몸뚱이는 느낌이 없다. 몸뚱이는 자체 지혜가 없다.'

공부를 시작할 때 제일 먼저 모습공식으로 관찰해야 하는 것이 몸뚱이입니다. 왜냐하면 '몸뚱이가 나다'라고 하는 생각이 깊이 뿌리박혀 있기 때문입니다. 나라고 하는 몸뚱이가 어떤 물건인지 먼저 잘 관찰해야 하는 이유입니다.

― 몸뚱이가 무정물이고, 느낌이 없는 것이 사실이라고 하지만, 저는 마음에 잘 와 닿지 않습니다. 왜 그럴까요?

안 몸뚱이가 진짜 나라고 착각하기 때문입니다. '몸뚱이가 진짜 나일까?'라고 질문해 보십시오.

― '몸뚱이는 변하니까 진짜 내가 아니겠구나!'라는 생각이 들긴 합니다. 하지만 생활을 하다 보면 그냥 잊어버립니다.

안 네. 당연히 그럴 겁니다. 많은 기관들이 모여서 우리 몸뚱이를 구성하고 있습니다. 또한 그 기관들은 많은 세포들로 구성되어 있습니다.

그런데 그 기관들이 따로따로 떨어지면 몸뚱이도 사라집니다. 그래서 몸뚱이는 자체성이 없습니다.

몸뚱이가 자체성이 없으면, 눈도 자체성이 없으니 눈이 보는 것이 아니고, 귀도 자체성이 없으니 귀가 듣는 것이 아니고, 입도 자체성이 없으니 입이 말하는 것이 아니고, 뇌도 자체성이 없으니 뇌가 생각하는 것이 아닙니다.

몸뚱이를 굴리는 자는 누구입니까?

보고 듣고 생각하는 자는 또 누구입니까?

— 진짜 나라고 생각합니다.

안 보고 듣고 생각하는 이 자리가 바로 법신입니다. 이것을 부처, 진심, 성품이라고도 합니다.

'빛깔도 소리도 냄새도 없는 법신이 몸뚱이를 굴린다'고 하니까, 빛깔도 소리도 냄새도 없는 법신자리가 있어서, 몸뚱이를 굴리는 것으로 착각할 수 있습니다. 법신은 '있다 없다'에 속하는 모습이 아니라 '있다 없다'의 앞소식인 '모습 없음 無相, 없는 나'입니다. 그래서 무상법신이라고 합니다.

빛깔도 소리도 냄새도 없는 법신이 무정물인 몸뚱이를 굴리는 것입니다.

◉ 바탕을 나투자

앉을 때는 나는 '밝음도 아니요 어둠도 아닌 바탕을 나투자', '밝은 것도 아니고 어두운 것도 아닌(비명비암非明非暗) 이 자리를 나는 나투어 보겠다'라고 합니다. 우리가 그 자리를 친견하는 거예요. 자기가 되돌아서 자기를 친견하는 거예요.

안   밝음과 어둠은 인연과 조건에 따라 생긴 자체성이 없고 변하고 헛것이고 머물 수 없는 모습입니다. 비가 오고 바람이 불어도 허공은 그대로인 것처럼, 밝음이 오고 어둠이 와도 그 바탕인 허공은 밝음에도 물들지 않고 어둠에도 물들지 않습니다. 따라서 '밝지도 않고 어둡지도 않는 바탕자리를 나투자'는 것입니다.

—   바탕을 나툰다는 것이 쉽게 이해되지는 않습니다.

안   그럴 수 있습니다. 왜냐하면 변하는 것을 충분히 관찰하지 않았기 때문입니다. 변하는 것을 잘 관찰하면 변하는 것의 바탕인 변하지 않는 것이 드러납니다. '나는 나투어 보겠다' 할 때의 나는 누구일까요?

—   글쎄요.

안 '법신으로서의 나'입니다. 왜냐하면 몸뚱이는 무정물이기 때문에 '나투어 보겠다'라고 할 수 없습니다. 그런데 뒤바뀐 생각으로 '몸뚱이로서의 내가 나투어 보겠다' 하면, 몸뚱이 나와 바탕자리가 상대가 되어 버립니다. 그래서 안과 밖으로 나누어집니다.

— 그것은 이해할 수 있습니다.

안 처음에는 잘 안 되겠지만 '나'는 언제든지 몸뚱이로서의 내가 아니라 '법신으로서의 나'입니다. 모습 없는 법신으로서의 내가, 모습 없는 바탕을 직접 보는 것(친견)입니다. 그러면 모습 없는 법신자리와 밝지도 않고 어둡지도 않는 바탕자리를 둘로 나눌 수 있겠습니까?

— 모습이 없으므로 둘로 나눌 수 없습니다.

안 모습 없는 나와 모습 없는 바탕은 모습이 없기 때문에 분리할 수 없습니다. 다시 말하면 자기가 되돌아서 자기를 직접 보는 것, 즉 내가 나를 직접 드러내는 것입니다. 이것을 자증自證한다고 합니다.

— 네. 이해됩니다.

🪷

새말귀는 공리空理에 요달하지 않으면 안 됩니다. '모든 것, 산하대지도 우리 몸뚱이도 허공성이다'라는 것을 안 다음에 새말귀를 잡으면 그만 비명비암非明非暗 자리가 뚜렷해. 여러분들이 이 경지까지만 가면 공부해서 뭐할 거여? 그때는 닦기만 하면 돼.

이러한 도리를 모르고 여러분이 천년 염불해야 무슨 소용 있죠? 만년 참선하기로서니 무슨 소용 있어요? 염불과 참선이 도는 아니거든, 도에 들어가는 방편이지.

이거 코웃음 칠 사람들이 있을지 모르겠습니다만, 앞으로 한 오십 년 후에는 바짝 일어날 겁니다. 아직 시기상조라서 그렇지(1980년 법문임). 이건 운전수라도 가질 수 있도록 만들어 놓은 화두라.

— 앞서 말씀하신 것 중에 공리가 무엇인지 설명해 주세요.
안 텅 빈 이치입니다. 즉 모든 모습은 헛것이다. 실체가 없다. 자성이 없다. 그 당처는 비었다는 이치입니다.
백봉선생님은 '모든 것, 산하대지도 우리 몸뚱이도 허공성'이라고 말했습니다. 일체의 모든 모습은 자체성이 없습니다. 만약 '일체만법이 허공성'이라는 공부의 윤곽과 바탕을 먼저 마련하지 않으면, 모래로 밥을 짓는 것과 같습니다.

— 그건 왜 그렇습니까?
안 몸뚱이 나로서 수행한다면 이미 분별하고 있기 때문에 모든 것이 상대가 돼버립니다. 그래서 늘 주체와 객체로 나누어서 둘로 봅니다. 그러면 모두 모습놀이가 됩니다.

따라서 '인연과 조건으로 생긴 모든 모습은 자체성이 없고 변하고 헛것이고 머물 수 없구나!' 하는 것을 관찰하고 연습해야 합니다.

이것이 바탕이 되지 않으면 새말귀를 굴릴 수 없습니다. 될 것 같지만 되지 않고, 엉뚱한 길로 가게 됩니다.

— 네. 이치를 알겠습니다.

안　우리가 '관세음보살' 하고 염불할 때 어떻게 합니까?

— 어떻게요? 그냥 '관세음보살' 하고 웁니다.

안　무정물인 입이 염불할 수 있습니까?

— 글쎄요.

안　무정물인 귀가 염불 소리를 들을 수 있습니까?

— 아닌 것 같습니다.

안　그러면 누가 염불하고 듣습니까?

— 저의 법신이란 말씀이시군요.

안　그렇습니다. 입과 귀는 자체성이 없어서 입이 말하는 것이 아니고, 귀가 듣는 것이 아닙니다. 빛깔도 소리도 냄새도 없는 법신자리가 무정물인 입을 통해서 염불하고, 무정물인

귀로 듣습니다. 말하는 법신자리와 듣는 법신자리는 둘이
아닙니다. 하나입니다. 그래서 자기가 염불하는 소리를 자
기가 듣습니다.

— 그런 생각을 하면서 염불을 해 보지는 않았습니다.

안 우리는 '자비로운 관세음보살이 따로 계시다'라고 생각하고,
몸뚱이 나와 딱 분리해서 염불합니다. 그래서 염불하는 몸
뚱이 나와 관세음보살이 상대가 되어 둘로 나누고, 늘 의타
적依他的이 됩니다.

염불하는 자, 염불, 염불을 듣는 자가 하나로 돌아가는 것이
'염불선'입니다. 자기 이름을 자기가 부르는 것입니다.

자, 다시 질문하겠습니다. 누가 예불합니까?

— 빛깔도 소리도 냄새도 없는 법신이 무정물인 몸뚱이로 예불
합니다.

안 누가 참선합니까?

— 빛깔도 소리도 냄새도 없는 법신이 무정물인 몸뚱이로 참선
합니다.

안 누가 경을 봅니까?

— 빛깔도 소리도 냄새도 없는 법신이 무정물인 눈으로 경을
봅니다.

안   염불과 참선은 도가 아니고, 도에 들어가는 방편이라는 백
      봉선생님 말씀은 이해가 됩니까?
—   저는 이제껏 염불과 참선이 도라고 알았습니다.

안   방편은 달을 가리키는 손가락인데도, 방편에 집착하는 사람
      들이 많습니다. 왜냐하면 '몸뚱이 나'로 염불하고 참선하기
      때문입니다.
—   네. 그렇습니다.

안   다시 질문하겠습니다. 누가 말합니까?
—   빛깔도 소리도 냄새도 없는 법신이 무정물인 입으로 말합니다.

안   누가 듣습니까?
—   빛깔도 소리도 냄새도 없는 법신이 무정물인 귀로 듣습니다.

안   누가 봅니까?
—   빛깔도 소리도 냄새도 없는 법신이 무정물인 눈으로 봅니다.

안   그래서 새말귀는 생활이 바로 수행이 되는 것입니다.
      1980년 백봉선생님은 "새말귀는 아직은 때가 아니다. 영상통
      화가 가능할 때 꽃을 피울 것이다"라고 말했습니다. 그때는 새
      말귀를 굴리는 인연과 조건이 성숙되지 않았기 때문입니다.

─ 지금은 인연과 조건이 성숙되었습니다.

안 백봉선생님은 새말귀가 '운전수라도 가질 수 있도록 만들어
   놓은 화두'라고 했습니다. 운전할 때 운전에 집중하지 않으
   면 사고가 납니다. 사고가 나면 자기만 다치는 것이 아니라
   다른 사람도 다치게 됩니다. 새말귀는 집중을 요하는 운전
   을 하면서도 수행할 수 있다는 뜻입니다.

─ 그것이 어떻게 가능한가요?

안 몸뚱이는 무정물이라서 운전하는 줄 모릅니다. 운전하는 것
   은 법신입니다. '빛깔도 소리도 냄새도 없는 법신이 무정물
   인 손으로 핸들을 잡고 운전한다, 운전을 잘하자'라고 합니
   다. 그러면 운전하는 것이 바로 수행이 됩니다.

'내'가 한다

◉ '나'는 법신자리다

   🪷
   나는 무정물인 손으로 죽비를 들었다.
   손에는 느낌이 없어. 나는 이걸 잘 들어야 되겠다.
   나는 무정물인 눈으로 책을 본다. 나는 잘 봐야 되겠다.

이렇게 가지는 것이지.

'나'는 법신자리를 말한 거예요.

법신자리는 말로써 표현하지 못해요.

법신 자리는 아는 것도 아니고, 모르는 것도 아니라.

깨달은 것도 아니고, 미한 것도 아니라.

착한 것도 아니고, 악한 것도 아니라.

밝은 것도 아니고, 어두운 것도 아니라.

안 '나'는 법신, 성품, 바탕, 허공으로서의 나, 부처, 절대평등성
   자리, 진심 등을 나타내는 이름입니다. 이름은 다르지만 그
   뜻은 하나임을 잘 알고 있으므로 모든 이름이 하나로 돌아
   갑니다.
   '나'는 법신자리입니다.
   나는 무정물인 손으로 꽃을 든다. 꽃을 잘 들자.
   나는 무정물인 눈으로 책을 본다. 책을 잘 보자.
   나는 무정물인 입으로 밥을 먹는다. 밥을 잘 먹자.
─ 이제는 내가 법신자리임을 이해합니다.

안 손은 무정물이기 때문에 꽃을 드는 줄 모릅니다. 법신자리
   가 무정물인 손으로 꽃을 듭니다. 법신자리는 모습이 없어
   서, 손을 통해서 꽃을 드는 모습을 나툽니다.
─ 그런데 여전히 '몸뚱이가 나'라는 생각에서 벗어나기 어렵습

니다.

안　우리는 늘 보고 듣고 생각하는 '몸뚱이 나'라고 하는 '내'가
　　있습니다. 독립적이고 고정불변하고 개별적인 내가 따로 있
　　다고 생각하는 것이 뒤바뀐 생각이고 무지입니다. '법신으로
　　서의 나'는 빛깔도 소리도 냄새도 없는 '없는 나'입니다.

—　'법신으로서의 나'와 '몸뚱이로서의 나'로서 생활하는 것은
　　어떻게 다릅니까?

안　생활을 하다가 화가 난 경우를 생각해 보세요.
　　'법신으로서의 나'는 빛깔도 소리도 냄새도 없기 때문에 '화
　　를 내는 내'가 없습니다. 화는 인연과 조건에 따라 일어났다
　　인연과 조건이 다하면 사라지는 작용입니다. 화를 내는 '듯'
　　입니다. 따라서 자체성이 없고 변하고 헛것이고 머물 수 없
　　는 화에 들어앉지 않고 화를 잘 굴립니다.

—　반대로 몸뚱이로서의 나는 어떻습니까?

안　당연히 '화를 내는 내'가 있기 때문에 '화'와 상대가 됩니다.
　　그래서 화가 내 것이 되어 버립니다. 화에 들어앉아 고리에
　　고리를 엮으면서 소용돌이 속으로 휘돌아 들어갑니다.

—　그렇다면 '법신으로서의 내가 한다'와 '몸뚱이로서의 내가 한
　　다'는 일상생활에서 어떤 차이가 있습니까?

안 '법신으로서의 나'는 보고 듣고 말하는 주체, 행위자가 없습니다. 그래서 보는 듯, 듣는 듯, 말하는 듯입니다. 봄이 없이 보고, 들음이 없이 듣고, 말함이 없이 말합니다. 힘이 들지 않고, 가볍고, 편안합니다. 생활 속에서 일어나는 것들을 사실 그대로 잘 바라볼 수 있습니다. 스스로 해 보면 직접 느낄 수 있습니다.

꽃을 '드는 자'가 없습니다. 꽃을 '드는 듯'입니다.

책을 '보는 자'가 없습니다. 책을 '보는 듯'입니다.

밥을 '먹는 자'가 없습니다. 밥을 '먹는 듯'입니다.

거기에 내가 없습니다.

— 몸뚱이로서의 나로 살아가는 삶은 어떻게 되나요?

안 인연과 조건으로 생긴 끝없는 작용이 일어났다 사라지는 것이 삶입니다. 그 바탕에 '법신으로서의 내'가 항상 흐르고 있습니다.

그런데 '몸뚱이로서의 나'는 보고 듣고 말하는 자가 있어서 경계를 지어버립니다. '몸뚱이로서의 나'는 안이 되고 그 외에는 전부 상대적인 밖이 되어 안과 밖으로 나눕니다. 안과 밖을 나누어도 안과 밖은 항상 바탕 속에 있지만 바탕을 잊어버립니다. 그래서 모두 모습놀이가 되어 시비와 갈등과 투쟁이 일어납니다.

— '법신으로서의 나'와 '몸뚱이로서의 나'를 자세히 비교해 설
  명해 주세요.

안 '법신으로서의 나'는 보고 듣고 말하는 자가 없으므로 안과
  밖으로 나누지 않습니다. 보는 것이 보이는 것이고, 듣는 것
  이 들리는 것입니다. 그래서 봄이 없이 보고, 들음이 없이
  듣고, 말함이 없이 말하고, 행함이 없이 행합니다.

  그런데 '몸뚱이로서의 나'는 행하는 자가 있어서, 만날 그것
  이 주인 노릇을 합니다. 그래서 '몸뚱이로서의 나'를 자세히
  관찰하고 끝까지 추적해서 그것이 본래 허망하다는 것을 밝
  히는 것이 수행이고, 수행하는 과정입니다.

— 저는 수행이 뭔가를 찾는 것이라고 생각했습니다.

안 '몸뚱이로서의 내'가 바탕자리로 돌아가서 빛깔도 소리도 냄
  새도 없는 법신자리가 무정물인 몸뚱이를 잘 굴리는 것이

진짜 수행입니다. 그리고 새말귀는 견성하기 전이나 견성한 후에도 한결같이 굴릴 수 있는 방편입니다.

🪷

'밝은 것도 아니고 어두운 것도 아닌 그 자리다.'

법신 하면 그 자리가 딱 떠올라. 빛깔도 소리도 냄새도 없는 이 밝은 자리!

'법신 자리가 핸들을 잘 돌려 운전을 잘해야 되겠다.'

운전을 잘해.

'법신 자리가 글씨를 잘 써야 되겠다.'

글씨를 잘 써.

'비명비암한 바탕을 나툰 자리'에서 '나는 일을 잘하겠다' 하면 비명비암한 자리가 연상되거든.

'나는 글을 잘 쓰겠다. 그만 그대로 화두라. 글을 쓰는 거라.

'내가 저놈을 무정물인 주먹을 가지고 때려야 되겠다.'

이것도 화두가 돼. 어느 것 안 되는 것이 없어. 전부 화두라.

화두가 일을 하고, 화두가 밥을 먹고, 화두가 글을 쓰고, 화두가 화를 내고 이렇거든.

우리 보림선원에서는 '빛깔도 소리도 냄새도 없는 법신이, 느낌 없는 이 손으로 글을 쓴다, 느낌 없는 이 손으로 자동차 운전을 한다' 이런 식으로 우리가 늘 새말귀를 가지고 있지만, 견성해도 이걸 가져야 됩니다.

이걸 안 가지면 훈련이 안 됩니다.

— '빛깔도 소리도 냄새도 없는 이 밝은 자리!'라는 게 뭡니까?

안　여기서 말하는 밝은 자리는 '밝다 어둡다' 하는 상대적인 모
　　습이 아니라 소소영영昭昭靈靈한 자리를 말합니다. 일체 모
　　든 모습을 파도에 비유한다면 밝지도 않고 어둡지도 않는(비
　　명비암非明非暗) 바탕자리는 물과 같습니다. 인연과 조건에 따
　　라 온갖 모습의 파도가 일어나지만 그 바탕이 물인 것처럼.

— 그 밝은 자리를 드러내기 위한 방편이 새말귀란 말씀이지요?

안　그렇습니다.
　　'나'는 하면, 바로 전체성全體性인 바탕을 나툰 자리에서 '나
　　는 일을 잘하겠다', '나는 글을 잘 쓰겠다' 하는 것이 새말귀
　　입니다.

— 네. 이해하겠습니다.

안　'저 놈을 때려야 되겠다.' 누가 때립니까?

— 법신자리가 무정물인 손으로 때리는 것 아닙니까?

안　그렇지요. 손은 무정물이라서 때리는 줄 모릅니다. 좋은 일
　　을 하는지, 나쁜 일을 하는지도 모릅니다. 빛깔도 소리도 냄
　　새도 없는 법신자리가 무정물인 손으로 때립니다. 싸움을

해도 누가 싸움을 합니까?

— 빛깔도 소리도 냄새도 없는 법신자리가 무정물인 주먹으로 싸움을 합니다.

안 그래서 싸움을 한다 해도 새말귀가 됩니다. 어느 것 안 되는 것이 없습니다, 전부 새말귀가 됩니다. 그래서 사는 것이 바로 수행인 것입니다.

— 사는 것이 수행이라는 말씀이 이제 이해가 됩니다.

🪷

법신자리인 '나'를 놓치지 않고 가지려면 어떻게 해야 되느냐? 여러분이 아침에 일어나면 '내가 일어난다' 이렇게 생각하세요. '내가 세수한다', 이렇게 일부러 한 번씩 해 보세요. 처음에는 자꾸 잊어지거든. 그렇게 늘 조련해 놓으면 경계에 머물지 않습니다.

이런 식으로 하면 차차차차 나중에 익어지지. 밥 먹을 때 '내가 밥을 먹는다' 이걸 알아야 돼. '내가 숟가락을 입에 가져간다', 이거 우스운 말 같지? 어린애 말 같지만 그거 아니에요. 누구하고 어디 가더라도 '내'라는 걸 잊어버리지 않아야 된다는 말이 그 말이에요. '내가 먹는다', '내가 화난다', '내가 산을 본다', '내가 누구하고 얘기한다', 이거 알고 보면 화두예요. '내'라는 생각을 놓치지 않으면 차차차차 지혜가 나와요. 이거 진짜 선이에요. 또 집에 가서 앉을 때 앉는 거라.

그렇게 해 나가면 그것이 몸에 탁 박혀. 나중에는 어느 사이에 견성見性했는지도 몰라. 견성하는 그 자체도 몰라. 그대로 환히 알아 버려.

딱 죽을 때가 됐어. '내가 죽는다', 이 껍데기가 성품 없다는 거 알고 '이 껍데기 인연 끊는다. 나는 있다', 속으로 이거 알면 바로 선 도리예요. 죽어도 그 생각 그대로 가지고 가는 거지.

안　법신자리인 '나'를 놓치지 않고 가지려면 일상생활 속에서 밥을 먹을 때 '내가 밥을 먹는다', 일할 때 '내가 일한다', 걸을 때 '내가 걷는다'라고 꾸준히 연습해야 합니다.

—　매사에 '내가'라고 하면 오히려 '나'에 더 집착할 수도 있지 않을까요?

안　물론 처음에 '내가 한다' 하면 어떤 사람은 항상 나와 동일시하던 몸뚱이에 들어앉을 수도 있습니다.

　　언어는 방편임을 잊지 마세요. 언어를 잘 선택하는 것도 지혜로운 방편이라는 얘깁니다. 인연과 조건에 따라 어떤 사람은 바탕이 잘 되고, 어떤 사람은 허공으로서의 내가 잘 되고, 어떤 사람은 법신이 잘 되고, 어떤 사람은 '내'가 잘 될 수 있습니다. 그러면 가장 마음에 와 닿는 이름으로 연습하세요. 이름은 다르지만 그 뜻은 하나라는 것을 잘 알고 있으므로 점차 모든 이름이 하나로 돌아갑니다.

— '내가'라는 말 대신에 '바탕'이나 '허공'을 넣어도 된다고요?

안 그렇습니다. '허공으로서의 내가 걸어간다, 바탕으로서의 내가 걸어간다, 부처가 걸어간다, 이 자리가 걸어간다, 법신이 걸어간다, 절대성이 걸어간다'라고 꾸준히 연습하면 새말귀가 점점 익어집니다.

— '내가 밥 먹는다'라고 하며 먹는 것과 그냥 먹는 것은 뭐가 다릅니까?

안 '내가 밥 먹는다' 하고 밥을 먹으면 숟가락 드는 것, 입에 넣는 것, 씹는 것, 짠맛, 단맛, 목으로 넘어 가는 느낌 등을 알아차릴 수 있습니다. 그런데 몸뚱이로서의 내가 밥을 먹으면, 먹는 데 들어앉아서 먹는 것을 알아차리지 못합니다.

— 지금 당장은 그 차이를 잘 모르겠습니다.

안 백봉선생님은 밥을 먹을 때 학생들에게 "밥을 먹는가? 밥에 먹히는가?" 하고 물어보시곤 하였습니다. 늘 보고 듣기만 하면 무슨 소용이 있겠습니까? 살아도 내가 살고, 죽어도 내가 죽고, 괴로워도 내가 괴롭고, 좋아도 내가 좋습니다. 스스로 직접 연습해야 합니다!

— 새말귀는 연습이 무엇보다 중요하다는 말씀으로 알겠습니다.

안 볼 때 '내가 본다', 들을 때 '내가 듣는다', 말할 때 '내가 말한다', 걸어갈 때 '내가 걸어간다', 얼마든지 할 수 있지 않을까요? 화가 날 때 '내가 화난다', 얘기할 때 '내가 얘기한다', 스마트폰 볼 때 '내가 스마트 폰을 본다', 잠시 잊어버리더라도 다시 마음을 가다듬고 새말귀를 굴려야 합니다.

— 일상생활에서 '내가 본다', '내가 듣는다', '내가 말한다' 하는 것은 크게 어려울 것 같지 않습니다.

안 새말귀를 연습하면 경계에 머물지 않고 늘 바탕을 나툰 자리에서 모습을 잘 굴릴 수 있습니다. 모습공식을 연습해서 연기와 공성, 즉 공리를 이해하고 파악한 다음에 새말귀를 굴릴 수 있다는 것을 명심하시기 바랍니다.

— 새말귀를 연습하면 지혜도 증장될까요?

안 지혜는 다른 데서 얻어 오는 것이 아닙니다. 본래 빛깔도 소리도 냄새도 없는 자리가 지혜입니다. 구름에 가린 태양처럼 지혜를 덮고 있는 장막이 걷히면 지혜가 드러납니다. '몸뚱이 내'가 바탕자리로 돌아가면 자연스럽게 드러나는 것이지요. 꾸준히 연습하면 '허공으로서의 내'가 그대로 드러나서 '색신 이대로 법신, 허공으로서 내'가 됩니다. 우리는 존재 그 자체입니다.

— 백봉선생님의 말씀 중에 '죽을 때'가 인상 깊습니다.

안 무정물인 몸뚱이를 인연과 조건에 따라 잘 굴리다가 죽을
    때는 "무정물인 몸뚱이가 인연과 조건이 다하는구나! 빛깔
    도 소리도 냄새도 없는 '나'는 여여하다"라고 그 생각 그대로
    가지고 몸뚱이를 버리는 것입니다.

— 저는 마음공부란 어렵고 복잡한 것이라 생각해 왔습니다만,
    그것이 잘못된 것임을 알겠습니다.
안 마음공부는 자기의 습관이나 고정관념을 잘 관찰하여 그것
    의 허망함을 깨달아서, 스스로 그것을 내려놓는 공부입니
    다. 따라서 마음공부는 긍정적이고 창의적이고 진취적이며
    자존감을 높이는 최고의 공부입니다.

— 새말귀 공부를 할 때 유의해야 할 점이 있을까요?
안 공부의 윤곽과 바탕을 마련한 다음에 새말귀를 굴립니다.
    그렇지 않으면 고정되고 굳어 있던 뒤바뀐 생각에 들어앉는
    지도 모른 채 들어앉게 됩니다. 또한 분별이 많고 의심이 많
    으면 공부하기 어렵습니다. 신심信心, 직심直心, 뚝심으로 묵
    묵히 무소의 뿔처럼 나아가야 합니다.

◉ 새말귀는 활구活句다

우리가 하루 종일 일을 하면서도 '내가 무정물인 손을 가지고 빨래를 한다', 이걸 놓치지 않아. 이거 살아 있는 선禪이거든. 이거 활구活句여! 이것이 진짜 선이여. '내가 빨래를 한다, 나의 법신이 무정물인 손을 통해서 빨래를 한다', 이걸 알고 빨래하는 사람과 하루 종일 '내가 공부하네' 하고 딱 앉아 있는 사람과 어느 것이 진짜 선인가요? 빨래하는 것이 진짜 선이에요. 방에 가만히 앉아 있는 사람은 사구死句여.

안　수행할 때 '활구로 하는가? 사구로 하는가?'는 매우 중요합니다. 활구로 수행해야 제대로 할 수 있기 때문입니다.

─　활구로 수행한다는 것이 무슨 뜻입니까?

안　'내가 무정물인 손으로 빨래를 한다'라고 하면 빨래하는 내가 없으므로 빨래하는 것이 바로 활구가 됩니다. 빨래하는 듯합니다. 빨래함이 없이 빨래합니다.

─　그렇다면 사구로 수행한다는 것은 무슨 뜻입니까?

안　'수행하는 자'가 있어서 수행하는 자와 수행이 상대가 됩니다. 그래서 온갖 분별이 일어납니다. 수행한다고 앉아 있지만 모습놀이가 됩니다. 이것이 사구입니다.

— 그래도 앉아 있으면 마음이 고요해집니다.

안 우리가 좌선을 하면 마음이 가라앉아 고요하고 편안한 상태
    가 됩니다. 그런데 진짜 고요한 것은 고요 그 자체입니다.
    고요한 것이 '고요하다'고 할 수 있습니까?
    만약 '고요하다'라고 생각하는 것은 고요하다고 느끼는 자가
    있습니다. 그래서 고요하다고 느끼는 자와 고요한 것이 상
    대가 됩니다. '고요하다'는 것은 경계에 따라 일어나는 한 생
    각입니다. 고요하다고 느끼는 자와 고요한 것을 모두 내려
    놓아야 합니다.

— 고요한 것을 내려놓는다고요? 마음이 가라앉아야 되지 않습
  니까?

안 물론 그렇습니다. 그런데 사람들은 고요한 걸 자꾸 찾으러
    다닙니다. 가만히 앉아서 고요하게 가라앉는 것을 공부로
    아는 사람들이 있습니다. 그러나 고요한 것이 있고, 고요한
    걸 찾으러 다니는 자가 있다면 상대가 됩니다. 그런데 보통
    이것이 상대적이라는 걸 느끼지 못합니다. 수행할 때 정말
    새겨두어야 됩니다. 어떤 것이든 '있다 없다, 좋다 나쁘다'
    하면 전부 상대적입니다.

— 모든 일상사를 둘로 보면 안 되는 것이로군요.

안 그렇습니다. 우리는 '안다' 하면 '안다'에 쏙 들어가서 아만이

일어나고, '모른다' 하면 '모른다'에 쏙 들어가서 기가 죽습니다. 본래 우리의 법신은 '안다 모른다'에 속하는 것이 아닙니다. '안다 모른다'의 '앞소식'입니다.

'안다'도 놓아버리고 '모른다'도 놓아버리면 고요해집니다. 놓고 놓다 보면 놓는 자리가 드러납니다.

두 개의 거울 이야기

거울 두 개를 마주 보게 세운 다음 중간에 물체를 놓으면 서로 비추어서 물체의 상이 한없이 생깁니다. 거울 두 개가 마주 보고 여기서 저것을 비추고, 저기서 이것을 비추니까 상이 끝없이 보입니다. 상이 수없이 많이 생겨도 물체는 하나뿐입니다.

— 네. 생활 속에서 잊지 않고 새말귀를 열심히 하겠습니다.

안 무엇보다 정견을 세우고 생활 속에서 스스로 연습함으로써 자기 살림을 마련하는 것이 중요합니다. 우리는 몸뚱이가 무정물이라는 사실을 자꾸 잊어버리고, 몸뚱이를 나라고 착각하여 '몸뚱이 내'가 주인 노릇을 하기 때문에 늘 망심 속에서 헤맵니다.

아상이 실체가 있어서 종노릇이라도 하면 좋지만, 아상은 허깨비입니다. 허깨비에 휘둘리고 있는 것입니다. '빛깔도 소리도 냄새도 없는 법신이 무정물인 몸뚱이를 굴리는 것'이 활구입니다. 그래야 나의 부처도 살리고 나의 몸뚱이도 되살아나는 것입니다. 우리는 나의 부처를 스스로 죽이고 있습니다.

◉ 사는 것이 곧 수행이다

안 우리는 수행에 대한 고정관념을 가지고 있습니다. 따로 시간을 만들어서 조용한 곳이나 어떤 특정한 곳에 가서 수행해야 한다고 생각하고 있습니다.

― 네. 저도 고요히 있을 시간이 더 많았으면 좋겠다는 생각을 한 적이 있습니다.

안 그렇다면 바쁘게 생활하거나 그럴 수 없는 사람들은 수행할 수 없을까요?

― 아무래도 어렵지 않을까요?

안 자식을 다 키워놓고 은퇴해서 시간 나면 수행한다고 하지만 그렇게 되기는 매우 어렵습니다. 이번 생애에서는 그냥 열심히 공덕을 쌓고 다음 생애에 출가해서 수행하는 것을 발원하는 분도 있습니다. 여자 분들은 다음 생애에 남자로 태어나서 수행하길 원하기도 합니다. 하지만 이는 부처님의 가르침과 전혀 동떨어진 생각입니다.

― 그런 생각이 부처님의 가르침과 동떨어진 이유는 무엇입니까?

안 몸뚱이는 무정물이기 때문에 수행하는 줄도 모릅니다. 그렇
    다면 누가 수행합니까? 빛깔도 소리도 냄새도 없는 법신이
    합니다.
    법신은 모습이 없어서 시공간과 말과 뜻이 다 끊어진 자리
    입니다. 남자와 여자, 바쁨과 한가함, 이번 생애와 다음 생
    애, 출가자와 재가자를 다 떠난 자리입니다.

— 네. 이제 이해가 됩니다.
안 그래서 백봉선생님은 '거사풍'과 '새말귀'를 주창하였습니다.
    사는 것이 바로 수행입니다. 수행하려고 마음을 내거나, 바
    쁘게 생활하거나, 수행할 조건이 되지 않는 사람들에게 새
    말귀는 복음福音입니다.

— 매일 밥 먹고, 공부하고, 일하면서도 수행이 가능하다는 것
    을 이해했습니다.
안 밥을 할 때 '내가 밥을 한다, 밥을 잘하자'.
    직장에서 일할 때 '내가 일한다, 일을 잘하자'.
    장사할 때 '내가 장사한다, 장사를 잘하자'.
    공부할 때 '내가 공부한다, 공부를 잘하자'.
    운동할 때 '내가 운동한다, 운동을 잘하자'.
    운전할 때 '내가 운전한다, 운전을 잘하자'.
    빛깔도 소리도 냄새도 없는 내가 무정물인 몸뚱이로 모습을

잘 굴립니다.

모든 것이 새말귀가 됩니다.

일상생활이 바로 수행입니다.

— 괴롭고 힘든 일이 있을 때는 그런 마음 내기가 더 어려울 거라 생각됩니다.

안 아무래도 마음을 다잡기가 쉽지 않겠지요. 그럼에도 불구하고 마음을 다잡고, 밥을 먹을 때는 밥 먹는 것이 수행이고, 일할 때는 일하는 것이 수행입니다. 행복할 때는 행복한 것이 수행이고, 괴로울 때는 괴로운 것이 수행입니다. 심심하면 심심한 것이 수행이고, 바쁘면 바쁜 것이 수행입니다.

살아가는 모든 것이 바로 수행입니다. 이것이 새말귀입니다. 새말귀를 잘 굴리려면 '인연과 조건으로 생긴 모습이 자체성이 없고 변하고 헛것이고 머물 수 없다는 사실'을 우선 관찰하고 이해해서, 연기와 공성 즉 공리를 실질적으로 파악해야 한다는 것을 마음에 새기고 또 새겨 두십시오.

— 바쁜 것도 수행이라 하셨지만, 바쁘게 일하다 보면 잊어버릴 때가 많습니다.

안 처음에는 그럴 수 있습니다. 그러나 바쁘면 바쁜 줄 압니다. 바쁜 듯합니다. 빛깔도 소리도 냄새도 없으면서 빛깔도 소리도 냄새도 나투는 바탕자리는 잊어버리고 잊어버리지 않는 것에 속하지 않습니다. 잊어버려도 그 자리는 여여如如하고, 잊어버리지 않아도 그 자리는 여여如如합니다.

모습을 굴리든지, 모습에 굴리이든지 항상 여여합니다.

모습에 들어앉는 것도 결국은 빛깔도 소리도 냄새도 없는 자리가 한 생각을 나투어서 들어앉는 것입니다. 그래서 망심妄心이 곧 진심이라고 하는 것입니다.

잊지 마세요! <u>모습에 들어앉으면 바탕자리를 잊어버립니다.</u>

— 자꾸 잊어버리는 제 모습이 한심하게 느껴집니다.

안 만약 모습에 들어앉았다고 알아차리면 "인연과 조건으로 생긴 모습! 변한다 헛것이다 머물 수 없다!" 하고 마침표를 딱 찍으세요. "아이고, 내가 또 들어앉았네! 이렇게 해서 수행이 되겠는가?" 하고 짜증 후렴구를 달지 않습니다.

— 그런데 그것이 잘 안 됩니다. 짜증도 나고 자괴감도 느껴집니다.

안 그렇습니다. 실제로 해 보면 그것이 그렇게 쉽지 않습니다. 하지만 꾸준히 연습하면 됩니다. 수행을 '잘한다 못한다' 하는 것은 '몸뚱이 내'가 하는 것입니다. 빛깔도 소리도 냄새도 없는 법신자리는 '잘한다 못한다'에 속하지 않습니다. '잘한다 못한다'의 '앞소식'입니다. 그냥 굴릴 뿐입니다.

예를 들어 '심심하다'고 생각할 때, 심심하지 않으려고 '이럴까 저럴까?' 온갖 망상을 부립니다.

— 네. 머릿속이 이런저런 생각으로 가득합니다.

안 심심하다고 하는 생각은 인연과 조건에 따라 생긴 자체성이 없고 변하고 헛것이고 머물 수 없는 허망한 모습이므로 '인연과 조건으로 생긴 심심하다! 변한다 헛것이다 머물 수 없다!' 하면, 심심하다는 생각이 일어났다가 인연과 조건이 다하면 사라집니다. 거기에 '심심하다는 내'가 없습니다.
심심하다는 생각도 인연과 조건으로 생긴 바탕의 작용이고, 작용은 가짜입니다. 그러니 '심심함을 본다. 허공 속의 심심함을 본다. 심심함은 허공에서 생겨나서 허공으로 사라진다. 심심함에 들어앉으면 허공을 잊어버린다. 텅 빈 허공을 본다. 나는 허공으로서의 나다'라고 합니다.

— 직장을 다니면서도 수행이 잘 될까요?

안 직장이나 사업, 가정일로 바쁜 사람도 얼마든지 수행할 수 있습니다. 모든 사람은 '나' 아닌 사람이 없으니 모두 수행할 수 있습니다. '나는 허공으로서의 나다, 몸뚱이는 무정물이다, 일체만법은 허공성이다.' 공부의 윤곽과 바탕을 마련한 후 새말귀를 굴리십시오.

— 네. 명심하겠습니다.

보고 듣는 이야기

눈을 감아 보십시오.

눈을 떠 보십시오.

보려고 들으려고 애쓰지 않아도 그냥 보이고 들립니다.

눈으로 보는 데

학벌, 남녀, 노소, 지위, 빈부, 명예가 필요합니까?

소리를 듣는 데

학벌, 남녀, 노소, 지위 빈부, 명예가 필요합니까?

안　내가 말을 하고 네가 듣습니다. 모습으로는 나와 너라는 상
　　대가 있으니까 '말한다 듣는다'로 표현합니다. 말한다 하면
　　듣는 자가 있게 되고, 듣는다 하면 벌써 말하는 자가 있게
　　됩니다.

—　당연히 그렇습니다.

안　그런데 말하는 내가 없고, 듣는 네가 없으면 말하는 자와 듣
　　는 자가 하나입니다. 나와 너는 모습은 둘이나 말하는 자리
　　와 듣는 자리는 하나입니다.

—　말하는 자리와 듣는 자리가 하나면 어떻게 됩니까?

안　말하는 듯, 듣는 듯입니다. '빛깔도 소리도 냄새도 없는 내

가 한다'는 것은 '하는 나, 보는 나, 듣는 나, 말하는 나가 없다'는 뜻입니다. '행위자가 없다'는 의미입니다.

— 말하는 자와 듣는 자가 없으면 어떤 일이 일어나나요?

안 말하는 데 말하는 자가 없고, 듣는 데 듣는 자가 없으면 하나로 돌아갑니다. 그래서 소통이 이루어집니다. 이것은 우리의 삶을 근본적으로 변화시켜 건강하고 따뜻하고 살기 좋은 세상을 이루어 가는 기초가 됩니다. 그래서 새말귀는 나와 너, 사회를 바꾸는 방편도 되니 금상첨화錦上添花라고 하는 것입니다.

이 대치법은 자타의 공덕을 이루는 수단도 되겠지마는 사회의 풍조를 다스리는 방편도 될 것이니 어찌 금상첨화가 아니랴!

— 새말귀를 꾸준히 연습하면 궁극적으로는 어떻게 됩니까?

안 '빛깔도 소리도 냄새도 없는 내가 한다'라는 연습이 잘 되면 '몸뚱이 나'라는 행위자가 바탕자리로 돌아갑니다. 나라는 주체가 사라지면, 진짜 나, 바탕이 드러납니다. 바탕 자체가 됩니다.

― 나라는 주체가 사라지면 바탕이 저절로 드러납니까?

안 그렇습니다. 우리는 '몸뚱이 나, 내가 있다'라고 늘 생각하고 있기 때문에 그것으로 인해 수많은 파생상품을 만들어서, 그 속에서 헤매고 있는 것을 스스로 알아차리기 어렵습니다.

'몸뚱이 나, 내가 있다'라는 뿌리 망심을 관찰하고 통찰하는 것이 수행의 중요한 요소입니다.

대부분의 사람들은 수행이란 지식을 많이 얻어야 되고 무엇을 쌓아야 되는 것이라 생각하지만 그것은 잘못된 생각입니다.

망심을 쉬고 머물지 않는 수행, 안 하는 수행, 놓는 수행이 진짜 수행입니다.

◉ 구체적으로 수행한다

― 실제로 수행을 어떻게 해야 합니까?

안 수행은 구체적으로 해야 합니다.

― 구체적이란 것이 어떤 의미입니까?

안 모든 사람들이 생각하고 있는 나를 걷어잡고 생활 속에서 구체적으로 수행해야 합니다. 나라고 생각하지 않는 사람이 어디 있습니까? 나라고 하는 아상我想이 어떻게 일어나고, 모든 일을 어떻게 휘두르고 있는가를 잘 관찰해야 합니다. 그래서 그것이 본래 자체성이 없고 변하고 헛것이고 머물 수 없다는 것을 꿰뚫어 보아서, 그것이 일어난 자리로 되돌아가는 것이 수행입니다.

내가 있으면 너라는 상대가 생기고, 일체만법이 일어납니다.

— 구체적으로 하지 않는 수행이란 무엇입니까?

안 '몸뚱이 내'가 진리를 찾으러 다니는 것입니다. 찾으러 다니는 것을 내려놓으면 '몸뚱이 나'도 사라지지만, 내려놓지 않으면 '몸뚱이 내'가 활개치고 돌아다니는 것을 알아차릴 수 없습니다. 그래서 '내려놓아라! 방하착하라! 마음을 가라앉혀라!'라고 하는 것입니다.

— 어떻게 내려놓아야 할지 잘 모르겠습니다.

안 사실을 사실대로 보고 사실을 사실대로 행함으로써 내려놓을 수 있습니다. 일체만법이 허공성입니다. 모든 모습이 자체성이 없고 변하고 헛것이고 머물 수 없습니다. 찾는 자가 바로 찾는 그것임을 명심하십시오.

◉ 전체 중생을 구할 수 있는 새말귀

🪷

손은 자체 지혜가 없는 것이거든. 붓을 가지더라도 손이 알아서 붓을 가지는 거 아니에요. 이 손은 전혀 몰라요. 그러나 빛깔도 소리도 냄새도 없는 이 자리가 손으로 붓을 가지게 해서 글씨를 쓰는 거예요. 그러니 여러분들이 빨래를 하더라도, 밥을 짓더라도, 회사 일을 보더라도 이 생각을 놓치지 않으면 차차차차 '진짜 나는 허공이나 한 가지로구나!', 이걸 알게 됩니다. '내가 공연히 분별망상을 일으켜서 자꾸 다른 걸 찾는구나!', 이걸 느끼게 됩니다.

내가 이 자리에서 말할 때는 책임 없는 말하지 않거든. 책임 없는 말해서 죄를 어떻게 하겠는가? 난 또 죄 짓기는 싫거든요. 그러니 믿으세요. 믿어서 지금부터 부처로서 행을 해요. 부처라는 말 대신에 '내'라고 해도 좋아요. 이 자리가 나에게 있기 때문에 팔을 이리 들기도 하고, 다리를 옮겨서 걷기도 하고, 생각하는 그대로 나투어. 가만히 생각해 보면 사람이란 굉장한 것이거든. 참 굉장한 거여. 그런데 여러분이 매일 굉장한 부처의 행동을 하면서도 굉장하다는 걸 모르기 때문에 말하는 거예요.

나중에 내가 간(돌아간) 다음에 오십 년이나 백년 후에 가서는 이거 벌어질 거여. 이 도리가 아니면 전체 중생을 구할 수 없어. 일체중생들을 제도하려면 화두 방편을 바꿔야 돼. 이걸 내가 강조합니다. 그래서 오늘 내가 여러분에게 이 도리를 선언하는 겁니다. 이건 바로 선언입니다. 이러한 방법으로써 여러분이 닦아 나가도록 노력해 주면 감사하겠습니다.

— 부처의 행동이란 어떤 의미입니까?

안 진짜 부처는 모습이 없습니다. 빛깔도 소리도 냄새도 없는 자리가 진짜 부처입니다. 부처로서 행한다는 것은 '본래의 나의 바탕자리, 전체성으로서 행하라'는 뜻입니다. 빛깔도 소리도 냄새도 없는 자리는 '없는 나'입니다. 일할 때 일하는 자가 없습니다. 일함이 없이 일합니다. 일하는 듯합니다. 밥 먹고 일하는 것이 바로 새말귀 수행입니다.

— 일상생활 속에서의 수행이 중요함을 이해하겠습니다.

안 운전할 때 '빛깔도 소리도 냄새도 없는 내가 운전을 한다, 운전을 잘하자' 하면 운전하는 것이 수행입니다. 걸어갈 때 '빛깔도 소리도 냄새도 없는 내가 걸어간다' 하면 걸어가는 것이 수행입니다. 운전하고 걸어가고 돈을 버는 모든 행위가 수행입니다. 진짜 수행입니다.

— 새말귀 수행을 하면 평소에 괴로워하던 부분들이 좀 줄어들까요?

안 '몸뚱이 나'는 '있다 없다, 옳다 그르다, 좋다 싫다' 하는 많은 갈등을 일으킵니다. '빛깔도 소리도 냄새도 없는 내'가 일상생활을 해 나가면 에너지 소모가 확 줄어듭니다. 꼭 한 번 해 보십시오! 참 신기한 일입니다.

새말귀를 하면서 스스로 어떻게 변화하고, 어떤 결과가 나타나는지 직접 경험해보시기 바랍니다. 처음에는 서투를지 모르지만, 연습하고 익어지면 점차 자유롭고 편안해질 것입니다.

— 모습공식과 바탕공식을 연습해서 익어지면 새말귀를 굴릴 수 있다는 의미는 무엇인가요?

안 앞서 설명했지만 새말귀를 굴리려면 공리가 바탕이 되어야 합니다. 공리가 바탕이 되려면, 모습 공식과 바탕공식으로 연기와 공성을 이해하고 실질적으로 파악해야 합니다.

눈으로 보고 귀로 듣는 '모든 모습이 자체성이 없고 변하고 헛것이고 머물 수 없구나! 눈이 보는 것이 아니고 귀가 듣는 것이 아니구나! 빛깔도 소리도 냄새도 없는 법신자리가 무정물인 몸뚱이를 굴리는구나!' 하는 것을 생활 속에서 연습하고 또 연습합니다. 그러면 저절로 새말귀를 들 수 있습니다.

◉ 가장 통 큰 투자

안 스스로 변화한다는 것은 참으로 어려운 일입니다.

— 그런 것 같습니다. 스스로 해내려면 어떻게 해야 할까요?

안 사실을 사실대로 보아서 사실을 사실대로 행함으로써 변화할 수 있습니다. 지금 이 책을 읽고 있는 분들은 세상에서 가장 통 큰 투자를 하고 있습니다. 왜냐하면 죽고 사는 인생

문제를 근본적으로 해결하려고 하기 때문입니다. 세상에 태어나서 진짜 나를 되밝히는 수행을 한다는 것은 가장 큰 복입니다.

모든 사람들은 진실한 삶을 살고 싶어 합니다. 진실한 삶을 살기 위해서는 진짜와 가짜를 분명하게 구별해서 가짜에 들어앉지 않아야 합니다.

— 네. 그럴 것 같습니다.

세상에서 가장 큰 것 이야기

세상에서 가장 통 큰 투자가 무엇일까요?

자기 변화입니다.

세상에서 가장 큰 회향이 무엇일까요?

수행을 잘 하는 것입니다.

안 내가 변하면 내 주위가 변합니다. 그런데 우리는 자기는 변하지 않고 남에게 변하라고 합니다. 내가 꿈꿀 때 꿈속 세상은 누가 나툰 세상입니까?

— 내가 나툰 세상입니다.

안 그것과 마찬가지로 지금 내가 보고 있는 세상은 내가 나툰

세상입니다. 꿈속 세상의 사람에게 변하라고 하면 변할 수
있겠습니까?

— 그렇게는 안 됩니다.

안 그런데 사람들은 내가 있고 상대가 있다고 늘 뒤바뀐 생각
을 합니다. 하지만 실상은 다릅니다. 내가 바뀌면 내가 나투
는 세상이 바뀝니다.

색신 이대로 법신

여러분은 우선 자기 자신을 볼 줄 알아야 되고, 아들딸 자체를 볼
줄 알아야 돼. 아들딸의 몸뚱이도 자체성이 없는 것을 알고, '빛깔
도 소리도 냄새도 없는 법성신 자리가 있기 때문에 걸어 다니기도 하
고, 청소도 하고, 밥도 먹는다'는 생각을 딱 가지고, 색신을 색신으
로 보지 말고 색신을 바로 법신으로 봐 버려요. 몸뚱이를 바로 법신
으로 봐 버려.

— 아들딸 자체를 보라는 말씀은 어떤 뜻입니까?

안 빛깔도 소리도 냄새도 없는 법신자리가 인연과 조건에 따라
빛깔도 소리도 냄새도 나툽니다. 모든 모습은 법신의 작용,
나툼입니다. 그리고 몸뚱이는 법신의 작용, 나툼입니다. 내

몸뚱이도, 아들딸의 몸뚱이도 다르지 않습니다. 법신의 작용, 나툼입니다.

모든 사람들의 고향은 하나입니다.

— 아, 그렇게까지는 생각해 보지 않았습니다.

안 우리는 몸뚱이를 나툴 수 있는 법신자리는 잊어버리고 나와 나의 몸뚱이를 동일시하고, 아들딸도 아들딸의 몸뚱이와 동일시합니다. 나와 아들딸의 몸뚱이는 인연과 조건에 따라 다르게 나투었지만, 그 바탕은 법신입니다. 몸뚱이는 자체성이 없고 변하고 헛것이고 머물 수 없는 모습입니다.

— 몸뚱이를 몸뚱이로 보지 않고 바로 법신으로 본다는 것에 대해 자세히 설명해 주십시오.

안 몸뚱이도 허공성, 법신도 허공성입니다. 공리를 바탕으로, 색신은 법신의 작용입니다. '몸뚱이 내다' 하는 것만 놓으면 몸뚱이 이만 이대로 법신입니다.

— 몸뚱이 이대로 법신이라니 이해가 어렵습니다.

안 몸뚱이가 자체성이 없고 변하고 헛것이고 머물 수 없음을 파악하여 몸뚱이를 내려놓으면 법신이 드러납니다. 몸뚱이에 머물러도, 몸뚱이에 머물지 않아도 법신자리는 항상 여여합니다. 법신은 가고 오는 것이 없지만, 몸뚱이는 가고 오는 것이 있습니다. '몸뚱이가 내다 하는 아상이 허망한 것이구나!' 하고 내려놓으면, 몸뚱이 이만 이대로 법신입니다.

— 내려놓으면 그렇게 될까요?

안 물론입니다. 법신과 작용인 모습은 둘이 아니지만, 그렇게 보기 힘든 것은 몸뚱이를 진짜로 보기 때문입니다. '몸뚱이 자체성이 없다, 변한다 헛것이다 머물 수 없다, 몸뚱이를 잘 굴리자' 수백 번, 수천 번 해도 만날 몸뚱이를 진짜로 봅니다. 정견을 세운다 하더라도, 그것을 가지고 연습해야 하는 이유가 여기에 있습니다. 뒤바뀐 고정관념이란 오래된 습관이 하루아침에 없어지지 않습니다.

🪷

공부하는 사람의 입장으로는 색신을 바로 색신으로 보지 않는 데 있습니다. 그렇다고 색신을 부인하는 것이 아니고, 색신을 소중히 생각하지만, 색신 그대로 법신으로 봐 버려. 여러분들이 이런 습관을 들여야 됩니다.

그렇게 하면 색신과 법신이 하나로서 딱 이루어지게 되는 겁니다.

여러분들이 이렇게 습관 들여서 보임保任해 나가면, 내가 지금 이 자리에서 말한 것이 딱딱 들어맞으면서, 나중에는 여기에 대한 답을 여러분 자신이 '이렇구나! 하는 걸 느끼게 됩니다. 그러면 벌써 그 자리가 완전한 '나'입니다. 그 자리가 '나'이니까, 평상시에 내 몸이라고 생각하던 여김念은 벌써 멀리 가버립니다.

진신인 '나'가 나타납니다. 세상 사람들은 그만 '색신이 내다' 이렇게 생각하는 통에, 이 생각을 없애기 참으로 어렵기 때문에 안 되는 겁니다.

— 좋은 습관을 들이는 것이 중요하군요.

안 그렇습니다.

색신은 법신의 작용이다.

법신은 색신의 바탕이다.

바탕과 작용은 둘이 아니다.

색신 이대로 법신이다.

이렇게 습관을 들여 보임을 해 나가면, 아상이 바탕자리로 녹아들어가 버립니다. 왜냐하면 아상도 바탕의 작용이기 때문입니다. '몸뚱이 내, 아상'이 바탕으로 돌아가면, 빛깔도 소리도 냄새도 없는 진짜 내가 드러납니다. 지금 이 말은 직접 행하면서 실제로 느껴야 하는 부분입니다.

— 평상시에 내 몸이라고 생각하던 여김이 멀리 가면, 진신인 내가 나타난다고 하셨는데 이는 어떤 의미입니까?

안 찾는 내가 바로 찾아야 할 나라는 것입니다. 그런데 누가 찾습니까?

— '몸뚱이 내'가 찾습니다.

안 인연과 조건으로 생긴 '몸뚱이 나'는 변한다 헛것이다 머물
   수 없다! 아상我想도 빛깔도 소리도 냄새도 없는 바탕자리에
   서 나툰 하나의 생각입니다. 한 발짝도 움직이지 않고 그 자
   리에서 진짜 내가 드러납니다.
   아상이 바탕자리로 돌아가면 그 자리가 드러납니다. 하지만
   아상이 있는 한 바탕자리는 드러날 수 없습니다.

— 왜 그렇습니까?

안 모습에 들어앉으면 바탕을 잊어버리기 때문입니다. 나라는
   한 생각에 들어앉으면 바탕을 잊어버립니다.
   '내가 있다' 하는 한 생각이 가도 가도 끝없는 허공 바탕을
   덮어버립니다.

— 쉽게 믿어지지가 않습니다.

안 의아할 수 있지만 실제로 그렇습니다. 아상이 뿌리 망심이
   므로 바탕자리가 드러나지 못합니다. 모습공식과 바탕공식
   을 연습하면 분명히 이해될 것입니다. 그냥 믿고 연습해 봅
   시다. 대부분의 사람들은 '몸뚱이 내다' 하는 생각을 놓기가
   참으로 어렵습니다.

— 생각한 것보다도 훨씬 어렵습니다. 왜 그럴까요?

안 오랫동안 몸뚱이를 나로 착각했기 때문입니다. '몸뚱이 나'
   라는 고정관념이 얼마나 뿌리 깊고 견고한지 모릅니다. 몸

뚱이를 나와 동일시하면, 나와 나 아닌 것으로 경계를 짓습니다. 나는 안이 되고 나 아닌 것은 밖이 됩니다. 본래 안과 밖이 없는 곳에 안과 밖을 나눕니다. 텅 빈 바탕에 안과 밖을 나누어서 밖으로 찾으러 나갑니다.

찾는 자가 찾아야 할 것이라는 것을 잊어버리고, 찾는 주체와 찾아야 할 객체로 나눕니다. 모습공식과 바탕공식으로 연습해서 이 이치를 스스로 이해하고 실질적으로 파악하여 내 살림을 가져야 합니다.

성태聖胎 기르기

여러분들이 '삼천대천세계가 실다운 것이 아니다, 전부 그림자요 빛깔에 지나지 못한 거다, 그리고 우리의 몸도 물론 그렇다, 그림자인 빛깔은 절대성 자리가 나투는 상대성의 놀음놀이다', 이런 생각을 잊어버리지 않는 것이 성태聖胎를 기르는 겁니다. 성태를 기르는 것은 밥을 먹으면서도, 논에 가서 일을 하면서도, 장사를 하면서도 할 수 있습니다.

— 성태란 말을 처음 들었습니다.

안　성태란 빛깔도 소리도 냄새도 없는 절대성, 법신입니다. 그

리고 새말귀는 성태를 기르는 지름길입니다. 지금 바로 이
자리에서 성태를 기를 수 있습니다.

— 어떻게 해야 됩니까?
안 삼천대천세계가 전부 그림자이며, 그림자는 절대성 자리가
나투는 상대성의 놀음놀이라 했습니다.
인연과 조건으로 생긴 모든 모습은 자체성이 없고 변하고
헛것이고 머물 수 없습니다. 우리의 몸과 마음도 마찬가지
입니다. 모든 모습은 인연과 조건에 따라 나투는 절대성의
굴림새입니다. 빛깔도 소리도 냄새도 없는 내가 무정물인
몸뚱이로 온갖 모습을 잘 굴리는 것이 바로 성태를 기르는
것입니다. 따라서 일상생활이 성태를 기르는 것입니다.
— 아! 그렇군요. 저는 특별한 방법이 있는 줄 알았습니다.

우리의 몸은 무정물이고 자체성이 없기 때문에 자꾸 변해. 변한다
는 말은 늙는다는 말을 뜻하고, 늙는다는 말은 결국 죽는다는 말을
뜻하는 것이니, 전부 변하는 것이거든요. 자체성이 없으니 변하는
것이에요. 자체성이 있다면 변하려야 변할 수 없고, 또한 변할 것이
없어.
몸뚱이를 끌고 다니는 법신자리는 자체거든요. 빛깔도 소리도 냄
새도 없고, 변하려야 변할 것이 없어. 그러니까 영원하다는 결론이

나는 거라. 불에 들어가도 타지 않고 물에 들어가도 젖지 않아. 여러 분들이 그러한 보배를 가지고 있다는 것은 춤출 일입니다. 이때 춤을 추는 거예요.

안 모든 모습은 자체성이 없어서 자꾸 변합니다. 법신자리는 변하려야 변할 것도 없고 또 변할 수도 없습니다. 그래서 자체성이 없고 변하고 헛것이고 머물 수 없는 모든 모습은 법신자리의 작용입니다.

— 나의 몸도 계속 변하니까 자체성이 없는 것이로군요.

안 그렇습니다. 우리의 몸뚱이도 자체성이 없습니다. 자체성이 없는 것은 헛것이고 머물 수 없는 것인데, 우리는 '몸뚱이가 나다, 내가 있다'라고 착각하기 때문에 망상 속에서 헤매고 있는 것입니다.

— 진짜 나는 변하지 않는 법신자리임을 이해하겠습니다.

안 변하는 것은 진짜가 아닙니다. 가짜입니다. 그래서 법신자리가 무정물인 몸뚱이를 굴려서 보고, 듣고, 말하고, 생각하고, 온갖 행동을 합니다. 만약 이런 사실을 안다면 정말 춤이 절로 나올 것입니다.

— 우리는 변하지 않는 것을 '영원하다'라고 합니다. '영원하다' 는 의미에 대해 설명해 주세요.

안 모습이 없고 시공간이 끊어지고 변할 것이 없는 것을 '영원' 이라고 합니다. 예를 들어, 천국은 모습이기 때문에 영원하 다는 말이 맞지 않습니다. 극락에 가도 인연과 조건이 다하 면, 다시 다른 인연과 조건에 따라 나투게 됩니다.

— 그러면 영원히 살려면 어떻게 해야 합니까?

안 영원히 산다는 것은 나고 죽는 것이 없어야 된다는 말입니 다. 나지 않아야 죽지 않을 수 있지 않을까요?

— 어떻게 해야 그럴 수 있을까요?

안 변하지 않아야 됩니다.

— 변하지 않으려면 어떻게 해야 할까요?

안 모습이 없어야 됩니다. 모습 없는 허공에 비유해서 '나는 허
    공으로서의 나다' 하는 말이 바로 이 뜻입니다. 명심하세요.
    진짜 나는 영원한 생명입니다.

🪷

색상신, 자체성이 없고, 제멋대로 변하는 몸뚱이로 하여금 글을
쓰게 하는 것은 빛깔도 소리도 냄새도 없는 법신이 시키는 거예요.
무정물인 손을 시켜서 법신이 글을 쓰는 거예요. 보통은 손 자체가
글을 쓴다고 하지만, 실은 손은 자체성이 없기 때문에 법신이 시키
는 대로 붓을 잡아서 글을 쓰는 겁니다. 밥을 먹는 것도 자체성 없는
몸뚱이는 밥 먹는 줄도 몰라. 시고 단 줄도 몰라. 그러나 법신은 알
거든. 장사를 하는 데도 법신이 무정물인 색신을 시켜서 장사를 하
는 거예요. 논을 가는 데도 빛깔도 소리도 냄새도 없는 법신이 색신
을 시켜서 논을 가는 것이거든요.

'몸뚱이는 무정물이다, 자체성이 없는 색신이다, 그러나 이거를
끌고 다니는 것은 빛깔도 소리도 냄새도 없는 법신자리다', 이런 생
각을 놓치지 않는 것이 성태입니다. 거룩한 태라.

그러하기 때문에 이전 성현들도 이거를 턱 알면 십 년도, 이십 년

도 좋고 죽을 때까지 이걸 길렀습니다. 지금 말한 그대로 아는 것이에요. 여러분들 단단히 아세요. 오늘부터 그대로 실행해 나가야 합니다.

비록 하루 한 번이나 두 번밖에 생각하지 못하더라도, 한 번 생각하기 시작하면 나중에 쭉 생각하게 되는 거예요. '빛깔도 소리도 냄새도 없는 나'는 내가 아닌 내라, 내라 해봤든 걸어잡을 것이 없어. 그런데 색신 손을 빌어서 이래하고 저래한다. 색신 다리를 빌어서 여기도 가는 듯하고 저기도 가는 듯하다. 원래 빛깔도 소리도 냄새도 없는 법신자리는 가는 것도 없고 오는 것도 없어요. 여러분들이 이런 식으로 생각을 놓치지 않고 늘 그렇게 하면, 그만 지혜가 드러나서 나중에 광명을 놓습니다. 이것이 바로 성태입니다.

— 성태가 나의 본래자리군요.

안 무정물이고 자체성이 없는 색신을 끌고 다니는 것이 빛깔도 소리도 냄새도 없는 법신자리란 생각을 놓치지 않는 것이 성태입니다.
그리고 이것이 바로 새말귀입니다. 새말귀는 성태를 기르는 지름길입니다. 밥 먹을 줄 알고, 차가운 줄 알고, 더운 줄 아는 것은 누구입니까?

— 몸뚱이는 무정물이니 법신자리가 아는 것이라 생각합니다.

안 그렇습니다. 몸뚱이는 무정물이기 때문에 알지 못합니다. '빛깔도 소리도 냄새도 없는 법신'이 압니다. 빛깔도 소리도 냄새도 없는 법신자리가 무정물인 몸뚱이를 굴려서 일하고, 장사하고, 농사짓고, 밥하고, 아이를 기릅니다. 이것이 바로 성태를 기르는 것입니다.
'변하는 도리가 곧 굴리는 도리가 된다'는 것을 명심하십시오.

— 하루에 한두 번이라도 새말귀를 연습하란 말씀이 인상 깊습니다.

안 처음에는 아침에 일어날 때 '내가 일어난다' 한 후에 하루 종일 까맣게 잊어버리고 지내다가 저녁에 잘 때 '내가 잔다' 했습니다. 즉 하루 두 번밖에 못 굴렸습니다. 그 다음날은 일어날 때 '내가 일어난다', 세수할 때 '내가 세수한다', 밥 먹을 때 '내가 밥 먹는다', 잘 때 '내가 잔다' 하고 네 번 굴렸습니다. 그렇게 꾸준히 연습하면 굴리는 회수가 점점 늘어갑니다.
처음에는 낯설어서 잊어버리겠지만, 점점 익숙해지면 새말귀를 잘 굴릴 수 있게 됩니다.

— 네. 매일매일 조금이라도 하는 게 무척 중요한 것이로군요.

안 그렇습니다. 혹시 숨 쉴 때 '숨을 쉬어야겠다'라고 해 본 적이 있습니까?

— 없습니다. 그냥 숨을 쉬었습니다.

안 만약 숨 쉴 때마다 그렇게 해야 한다면 평생 동안 어떻게 숨을 쉬겠습니까? 그와 마찬가지로 새말귀가 자연스럽게 될 때까지 계속 연습하세요.

'빛깔도 소리도 냄새도 없는 내'는 내가 아닌 내라. 내라 해봤든 걸어잡을 것이 없어. 그런데 색신 손을 빌어서 이래하고 저래한다. 색신 다리를 빌어서 여기도 가는 듯하고 저기도 가는 듯한다. 원래 빛깔도 소리도 냄새도 없는 법신자리는 가는 것도 없고 오는 것도 없어요.

안 보통 우리가 '나'라고 하면 '나라는 것'이 있습니다. 몸뚱이도 나고, 생각이나 감정도 나입니다.

— 네. 생각과 감정까지 나라고 생각했던 것 같습니다.

안 빛깔도 소리도 냄새도 없는 나는 '없는 나'란 것이 이해됩니까?

— 솔직히 어렵습니다.

안 '빛깔도 소리도 냄새도 없는 내가 말을 한다' 하면 '말하는 내'가 없습니다. 인연과 조건에 따라 말하는 작용이 일어날

뿐입니다.
말하는 내가 없으니 말하는 듯합니다.
— 어렵지만 이해는 됩니다.

안 빛깔도 소리도 냄새도 없는 자리는 모습이 없기 때문에, 가
는 것도 없고 오는 것도 없습니다(불거불래不去不來). 과거·현
재·미래가 끊어진 '지금 여기'입니다. 그런데 몸뚱이를 빌
어서 가기도 하고 오기도 합니다. 그래서 온갖 모습을 나툽
니다.
책을 읽고 있는 지금도 '지금 여기', 십년 뒤에도 '지금 여기',
보림선원에서도 '지금 여기', 집에 가도 '지금 여기', 움직이
고 있어도 '지금 여기'입니다.
— 그렇게 설명해주시니, '지금 여기'란 의미가 쉽게 와 닿습니다.

안 '빛깔도 소리도 냄새도 없는 자리가 밥을 먹는다' 하면 모습
으로는 몸뚱이도 있고, 밥도 있고, 먹는 것도 있지만, 몸뚱이
도, 밥도, 먹는 것도 전부 인연과 조건으로 생긴 모습입니다.
따라서 자체성이 없고 변하고 헛것이고 머물 수 없습니다.
그래서 밥을 먹는 내가 없으니, '밥을 먹는 듯하다'라는 것입
니다. '빛깔도 소리도 냄새도 없는 자리가 걸어간다' 하면 걸
어가는 '듯'입니다.
— 네. '듯하다'는 의미를 이해하겠습니다.

'모습을 잘 굴리자', '바탕을 나투자'

안 새말귀는 모습 없는 절대성, 즉 바탕자리에서 인연과 조건
으로 생긴 상대성인 모습을 굴리는 방편입니다. 다시 말하
면 절대성을 안 놓치고 상대성을 굴리고, 상대성을 굴리되
절대성을 안 놓치는 둘이 아닌 방편(불이방편不二方便)입니다

— 네. 무슨 말씀인지 알겠습니다.

안 새말귀는 '모습을 잘 굴리자, 바탕을 나투자'는 말귀로 굴립
니다. 말귀는 둘이나 둘이 아닙니다. 모습을 굴릴 때는 바탕
을 나툰 자리에서 '모습을 잘 굴리자', 앉을 때는 '바탕을 나
투자'입니다.
우리가 지금 대화하는 것도 수행이고, 청정행입니다.

— 청정행이란 무엇입니까?

안 빛깔도 소리도 냄새도 없는 바탕을 나툰 자리에서 변하고
헛것인 모습을 잘 굴리는 것이 청정행입니다. 즉 모습을 굴
림 없이 굴리는 것을 말합니다.
이처럼 수행은 생활 속에서 구체적이고 실질적으로 해야 합
니다. 밥 먹는 것이 진짜 수행이고 삼매임을 잊지 마십시오.

— 네. 사는 모습이 모두 수행임을 명심하겠습니다.

안 아이 키우고, 밥하고, 청소하고, 일하고, 운전하고, 좋아하

고, 싫어하고, 성내고, 욕심내는 것이 견성의 도리며 수행입니다.

어떤 분은 '내가 빨리 공부해야 하는데' 하면서 계속 갈등합니다. '공부해야지' 하면서 공부에 집착하면 망상입니다. '몸뚱이 내'가 하고 있는 것입니다.

— 그러면 어떻게 해야 합니까?

안 '인연과 조건으로 생긴 공부해야지! 변한다 헛것이다 머물 수 없다!' 하고 '공부해야지' 하는 것을 내려놓아야 합니다.

'공부해야지' 하는 생각을 봅니다. 허공 속의 '공부해야지' 하는 생각을 봅니다. '공부해야지' 하는 생각은 허공에서 생겨나서 허공으로 사라집니다. '공부해야지' 하는 생각에 들어앉으면 허공을 잊어버립니다. 텅 빈 허공을 봅니다. 나는 허공으로서의 나입니다.

— 이것이 새말귀와 어떻게 연결됩니까?

안 빛깔도 소리도 냄새도 없는 내가 '공부해야지' 한다! 그러면 공부하는 자가 없으니 공부가 상대가 되지 않습니다. '공부해야지' 하는 것이 놓아지고, 뚝 떨어져 버립니다. 그러나 '공부하는 자'가 있으면 공부가 내 것이 되어 착 달라붙습니다. 그것이 다른 점입니다.

'공부해야지' 하면, 그건 벌써 안과 밖을 나누고 있습니다.

그런데 본인은 분별하고 있다는 것을 모릅니다. 공부하고 싶다는 생각에 자꾸 갈등합니다.

— 갈등하는 것은 누구일까요?

안　갈등하는 자를 잘 관찰하여 갈등하는 자가 그것이 일어난 바탕으로 돌아가는 것이 공부입니다. '몸뚱이가 나다, 내가 있다'라는 것을 관찰하고 통찰하는 것이 공부의 관건입니다. 꽃을 봅니다. 그런데 눈은 자체성이 없으니 눈에 비치기는 하나 눈이 보는 것이 아닌데, 무엇이 꽃을 봅니까? 단번에 의문이 가지 않습니까?

— 네. 그렇습니다.

안　눈이 보는 것이 아닌데도 지금 눈앞에서 보고 있지 않습니까?

— 네. 그렇습니다.

안　그런데 여태까지 '눈이 본다'라고 하니까 눈앞의 '보는 것'이 보이지 않습니다. 눈은 자체성이 없는데 보이니, 신기한 일 아닙니까?

— 그렇습니다.

안　귀가 자체성이 없어서 귀가 듣는 것이 아닌데, 들으니 이 또한 신기한 일 아닙니까?

— 그렇습니다.

안 '몸뚱이 자체성이 없다, 변한다 헛것이다 머물 수 없다'를 꾸
준히 연습하고 실제로 느껴서 내 살림을 가져야 합니다. 도
道는 어려운 데 있는 것도 아니고 쉬운 데 있는 것도 아닙니
다. '어렵고 쉬운 앞소식'입니다. 새말귀가 얼마나 대단한 방
편인지 아직 실감이 오지 않을 것입니다.

'새말귀는 공부의 지름길이며 전체 중생을 제도할 수 있는
방편'이라는 백봉선생님의 말씀을 실감하는 날이 곧 올 것입
니다.

3. 새말귀 정진 방향과 수행 자세

새말귀 정진 방향

① 공부의 윤곽과 바탕을 마련합니다.
새말귀는 새화두입니다. 새말귀를 굴리기 위해서는 사실을 사실
대로 아는 공부의 윤곽과 바탕을 마련하는 것(정견正見)이 가장 중
요합니다. 연기緣起와 공성, 즉 공리空理를 이해하고 실제로 파악
하는 것입니다.

② 진짜와 가짜를 구별할 줄 알아야 합니다.
가짜는 변하는 것이고 진짜는 변하지 않는 것입니다. 따라서 모

습(일체만법)이 변하는 사실을 관찰하는 것이 공부의 시작입니다. '변한다'는 것은 인연과 조건이 있으면 일어났다, 인연과 조건이 다하면 사라지는 것을 말합니다. 모든 모습은 고정불변하고 개별적이고 독립적으로 존재할 수 없습니다. 상호의존적입니다. 그러기 때문에 모습의 본성은 공성입니다.

③ 모습이 '변한다'는 사실을 직접 관찰해야 합니다.
모습이 변하기 때문에 헛것이고, 헛것이기 때문에 머물 수 없다는 사실을 생활 속에서 직접 연습하고 체험합니다. 이것이 점점 익어지면 모습이 변하는 것은 자체성이 없기 때문에 변한다는 것을 실감하면서, 연기와 공성의 이치를 이해하기 시작하고, 무아無我의 도리를 실질적으로 파악합니다.
공부의 과정은 개인에 따라 모두 다를 수 있지만, 변하는 사실을 잘 관찰하여 내려놓고 머물지 않으면 스스로 많은 변화를 느끼면서 지혜가 밝아집니다. 자신이 변화되는 것을 스스로 느낄 수 있으며, 주위에서 변했다는 이야기도 듣게 됩니다. 따라서 삶이 변하게 됩니다.

④ 허공과 성품은 둘이 아닙니다.
모습이 자체성이 없고 변하고 헛것이고 머물 수 없음을 알게 되면, 인연과 조건에 따라 일어났다 사라지는 모습의 바탕이 드러납니다. 물 위의 파도처럼 모습과 바탕이 둘이 아니라는 사실을

인식하게 됩니다.

모습은 바탕의 작용이라는 이치를 스스로 깨닫게 됩니다. 일체 만법을 나투는 허공과 보고 듣고 생각하는 성품이 둘이 아님을 이해하면서, 보고 듣고 생각하는 성품을 파악하게 됩니다.

⑤ 자연스럽게 새말귀를 굴리게 됩니다.

'모습을 잘 굴리자'와 '바탕을 나투자'가 말귀는 둘이나, 둘 아님을 알게 됩니다. 몸뚱이와 망심을 나로 알던 것이 망령된 한 생각뿐이었음을 알게 되고, 바깥 경계가 시끄러운 것이 아니라, 경계에 닿질린 망심으로 뒤끓고 있음을 보게 됩니다. 그리하여 바깥 경계와 내가 둘 아님을 실감하게 됩니다.

⑥ 새말귀가 익어지면 이 몸 이대로 '허공으로서의 나'가 됩니다.

'빛깔도 소리도 냄새도 없는 내'가 따로 있는 것이 아니라, 여태 까지 늘 보고 듣고 말하고 생각하던 내가 '진짜 나'임을 알게 됩니다.

여기부터는 억지로 힘을 쓰지 않아도 그만 그대로 '허공으로서의 나'로서 모습을 굴릴 수 있게 되고, 만약 모습에 들어앉아 '허공으로서의 나'를 잊어버린다 해도, 빨리 알아차려서 돌아올 수 있게 됩니다.

일체만법이 삼매 중에 있음을 알게 되고, '허공으로서의 나'를 실감합니다. 더 이상 의심하지 않고 닦아갈 수 있습니다.

'모든 일을 어떤 자세로 대하는가?' 하는 것이 그 일의 결과를 좌우한다고 해도 과언이 아닐 것입니다.

자세는 기본적으로 그 사람의 가치관이나 인생관에 따라 좌우됩니다. 인생관이나 가치관이 겉으로 드러나는 것이 자세라고 할 수 있습니다. 그러면 결국 자기의 인생관과 가치관이 모든 일을 좌우한다는 말이 됩니다.

결코 헛도는 맷돌로는 곡식을 갈 수 없습니다.

이는 정말이지 중요한 이야기입니다. 마음공부는 인생관과 가치관을 근본적으로 변화시키고 실천하는 힘을 가지고 있습니다.

새말귀를 어떤 자세로 굴릴 것인지 알아보겠습니다.

① 원력을 세운다.

원력은 공부를 끝까지 밀고 나가는 원동력이고 열정입니다.

1,500도나 되는 제철소 용광로나 도자기를 굽는 가마에 일정한 온도를 유지하려면 에너지를 계속 공급해야 됩니다. 우리가 하는 공부에 에너지를 계속 공급하는 것이 바로 원력입니다.

크고 굳건한 원력은 공부를 끝까지 밀고 나가는 원동력이 됩니다. 그것을 열정이라고도 합니다. 어떤 분야든 그것을 끝까지 밀고 나가는 힘은 원력, 열정, 간절함입니다. 크고 굳건한 원력은 반드시 간절한 마음과 발심을 동반하게 됩니다. 발심이 된 사람은 물러서지 않습니다.

기우제祈雨祭를 지내면 반드시 비가 온다는 인디언 부족 얘기를 들어 보셨을 겁니다. 비가 올 때까지 기우제를 지내기 때문이라고 합니다. 각 분야의 장인들은 남이 알아주든 말든 많은 실패를 거듭하는 어려움을 뚫고 묵묵히 나아갑니다. 원력은 내가 이 세상에 온 미션입니다.

용광로에서 나오는 쇳물로 필요한 온갖 물건을 만들듯이, 내 삶은 나의 원력이 발현發現되는 현장입니다.

② 발가숭이로 두 다리 풍덩 담근다.

이점이 의외로 어려운 것 같습니다. 단단하고 뿌리 깊은 고정관념을 내려놓기가 매우 어렵습니다.

공부하려는 사람은 발가숭이로 두 다리 풍덩 담가야 됩니다. 이 공부는 생사를 해결하는 절대적인 공부이기 때문에 타협이 없습니다.

'이 공부는 칼 위에서 춤을 추는 것과 같다'고도 합니다. 공부를 하지 않았으면 순수한 인간성이나 가질 수 있는데, 공부를 함으로써 아만상만 더 커질 우려가 있기 때문입니다.

③ 공부의 윤곽과 바탕을 마련한다.

공부의 윤곽과 바탕을 마련하기 위해서는 눈 밝은 선지식의 송곳 같은 법문이 가장 중요합니다. 송곳 같은 지혜 법문은 두껍고 딱딱하게 굳어 있던 뒤바뀐 생각을 깰 수 있기 때문입니다. 사람 몸 받기 어렵고, 불법 만나기 어렵고, 눈 밝은 선지식 만나기는 더욱 어렵습니다. 이 기회를 놓치면 언제 다시 만날 수 있겠습니까?

우리는 지금 눈 밝은 선지식을 만났고 또 인생문제를 해결하려고 하는 좋은 도반들을 만났습니다. 발심發心해서 분발해야 합니다. 이렇게 모여서 공부한다는 것은 어려운 일이며, 또한 서로를 도와주는 것입니다.

기회는 잡아야 기회이지, 놓치면 기회가 아닙니다. 아무리 기회가 와도 그것이 기회인지 모르면 무슨 소용이 있겠습니까? 눈 밝은 선지식, 법회, 좋은 도반을 만났을 때 진정으로 발심해서 공부하지 않는다면 기회를 놓치는 것입니다. 발심하고 용맹심을 내어서 반드시 이 기회를 꼭 잡읍시다.

④ 법회에 참석하고 도반들과 함께 정진한다.

법회와 도반은 공부의 필수 요건입니다. 만약 법회에 참석하지 않고 도반들과 같이 정진하지 않으면 공부에서 물러서기 쉽고, 스스로 합리화하여 자기의 틀에 매여 '마이웨이'를 하게 됩니다. 법회에 참석하고 도반과 함께 정진함으로써 점차 공부의 힘을 얻게 되므로 매우 중요합니다.

아난존자가 "좋은 도반이 공부에 얼마나 도움이 됩니까?" 하고 물었을 때 부처님께서는 "전부!"라고 말씀하셨습니다.

셋째 마디   249

상승上乘 도리를 공부하는 사람들이 드물고, 꾸준히 공부하는 사람들은 더욱 드뭅니다. 이렇게 모여서 공부한다는 것은 희유한 일입니다. 좋은 도반 만났을 때 '나도 같이 간다'고 생각하십시오. 나도 남에게 좋은 도반이 되고, 남도 나에게 좋은 도반이 됩니다.

⑤ 믿고 결정해서 달려든다.

설법의 내용을 잘 이해하고 파악해서 믿고 결정합니다. 그래서 신심, 직심, 뚝심으로 생활 속에서 직접 연습하고 또 연습합니다. 설혹 지금은 그 수준에 가 있지 않더라도 일단 믿고 결정하면 그대로 됩니다.

⑥ 개인 면담을 한다.

운동선수가 코치의 한마디로 180도 바뀔 수 있듯이, 개인 면담을 통해 지도를 받는 것은 큰 도움이 됩니다.

⑦ 자비심을 기른다.

지혜와 자비는 한 축에 있는 두 바퀴와 같습니다. 하나의 바퀴로 수레가 제대로 굴러가지 못하고, 한쪽 날개로 새가 날아가지 못하듯이 지혜가 밝아질수록 자비심이 길러지고, 자비심이 길러질수록 지혜가 더욱 밝아집니다. 그리하여 나와 다른 사람들의 자유를 위해 함께 가겠다는 원력과 자비심이 더욱 강해집니다. 공부 잘하는 것이 가장 큰 최고의 회향입니다! 공부가 익어질수록 자비심은 더욱 커집니다.

⑧ 생활 속에서 힘이 있는 공부를 한다.
문을 나서면 잊어버리는 공부가 무슨 소용이 있겠습니까? 실제로 생활 속에서 힘이 있지 않으면, 공부에 대한 의심이 생기고 갈등이 일어납니다. 잘하고 싶지만 마음대로 되지 않으니까 괴롭습니다. 공부하는 데 괴로우면 되겠습니까? 생활에서 실천하고 변화되는 힘 있는 공부를 해야 합니다.

⑨ 내 살림을 마련한다.
팔만사천 경전은 부처님 살림입니다. 그것을 내 것처럼 생각한다면 자기를 망쳐 버립니다. 팔만대장경을 등불 삼아 나의 경전을 밝혀내고, 내 살림을 마련해야 합니다. 내 살림이 있어야 문자 밖의 뜻을 알게 됩니다. 그렇지 않으면 자기 깜냥대로 왜곡합니다. 진짜 알 때는 '안다'라는 생각이 없습니다. 정말 중요한 이야기입니다.

⑩ 스스로 일과를 꾸준히 행한다.
꾸준히 연습하는 길밖에 다른 길이 없습니다. 예불하고 아침저녁으로 앉고, 원 노트 쓰고, 축원하고, 감사 노트 쓰고, 모습공식 바탕공식 새말귀를 굴립니다.

빛깔도 소리도 냄새도 없는 자리가 무정물인 몸뚱이를 굴려서 예불하고, 빛깔도 소리도 냄새도 없는 자리가 앉고, 빛깔도 소리도 냄새도 없는 자리가 감사 노트, 원 노트 쓰고, 빛깔도 소리도 냄새도 없는 자리가 축원하고, 빛깔도 소리도 냄새도 없는 자리가 모습공식, 바탕공식, 새말귀를 굴립니다. 그러면 생활 자체가 수행입니다. 보고 듣기만 하면 내 살림을 마련할 수 없습니다. 연습하고 또 연습해야 합니다.

⑪ 몸과 마음의 건강을 유지한다.
꾸준히 공부를 잘 지어 갈 수 있도록 몸의 건강과 건전한 생각을 함양시키고, 필요 없는 계획이나 행동 등을 지양합니다. 식이조절과 적당한 운동, 과도한 욕심이나 애착을 내려놓는 건강한 생활습관을 기르는 것은 수행의 기본입니다.

⑫ 아름다운 기다림을 실천한다.
공부하는 데 조급한 마음을 가지는 사람이 있습니다. 조급한 마음을 어떻게 내려놓을 수 있을까요? 사실을 사실대로 앎으로써 내려놓을 수 있습니다. 본래 나는 '허공으로서의 나, 부처'라는 것을 깊이 믿습니다. 나는 허공으로서의 나인데 모습에 들어앉아 뒤바뀐 생각으로 미한 것을 굴리고 있습니다. 미한 것을 굴리는 것도 허공으로서의 내가 굴립니다.
바르게 꾸준히 정진하면서 결과에 연연하지 않고 무심하게 시절 인연을 기다립니다. 이것을 '아름다운 기다림'이라고 합니다. 인연과 조건이 성숙되면 구름이 걷히면서 햇빛이 비칠 것입니다. 숨을 길게 내쉽니다.

<u>새말귀로 공부하는 사람들은 반드시 견성 성불합니다.</u>

모두 함께 갑시다!
우리는 도반입니다!
백만 자성등을 밝힙시다!

* 이해를 돕기 위해 원문의 행을 바꾸어 정리했습니다.

거사풍居士風을 세운다

태고太古로부터의 소식知音인 기미幾가 의젓하거든!

이에 빛깔이 놓이면서 바람이 일고,

이에 안개가 번지면서 비가 뿌릴새,

한없는 허공 중에서 한없는 산하山河를 나투니 이 나의 살림이요.

끝없는 성품 중에서 끝없는 감정을 일으키니 이 나의 놀음이로다.

이러히 사事적인 살림이 있기에

하늘가에 떠도는 한 줄기의 구름을 걷어잡고 허공을 자질하며,

이러히 이理적인 놀음이 있기에

마음속에 일궈지는 한 가닥의 새김을 껴안고 성품을 손질한다.

실로 우주의 대법大法은

오직 한 줄기의 구름을 걷어잡고 허공을 자질함이니

이 바로 성품의 기미를 다룸이요.

인생의 공도公道는

오직 한 가닥의 새김을 껴안고 성품을 손질함이니

이 바로 허공의 소식을 거둠이로다.

어즈버야, 허공과 성품은 둘이 아닌 하나의 누리요,
하나의 진리요, 하나인 목숨임을 입증立證함이 아닐까 보냐.

어찌타, 하나인 목숨이요 진리인 누리는
제각기대로의 숱한 세계를 나투면서,
마침내엔 원치도 않는 생로병사生老病死를 두고
즐김터安住處와 뇌롬터苦惱處로 향하여 달리니,
이 참이냐? 이 거짓이냐? 판가름의 견줄 바 못 된다.

그러나, 여기에 사람이 있다!
사람 중에도 슬기로운 사람이 여기에 있으니
이 슬기로운 사람은 누리의 삶을 어떻게 엮는가?
오로지 수단방편手段方便을 다하여 생사업生死業을 걷어내고
적멸락寂滅樂을 바탕으로 세기世紀의 삶을 엮는다.

석가세존을 비롯한 역대의 조사祖師와 선사禪師가
승가풍僧家風을 선양宣揚함도 이 때문이요,
유마보살을 비롯한 동서의 지식知識과 석학이
거사풍居士風을 천명闡明함도 이 때문이니,
특히 중국의 이통현李通玄, 배휴裵休와 방온龐蘊,
해동海東의 윤필尹弼, 진부설거사陳浮雪居士 등의 배출은
도에 승속僧俗이 따로 없음을 드러냄이 아닐까 보냐.

승가풍은 세속의 모든 인연을 끊고
스승을 찾아 집을 떠난다.
한갓 떠도는 구름이요 흐르는 물이라
다만 도를 구하는 마음씨만이 있을 뿐이다.

하지만 거사풍은 그 목적이 비록 승가풍으로
더불어 같다고 이를지라도 그 수단과 방편이 다르다.
세속에서 맺어진 생업生業을 가지고 혈연을 보살피면서
스승을 찾기는 하나 집을 지킨다.
한갓 덤불에 걸린 연이요 우리에 갇힌 매이지마는
항상 푸른 꿈이 부푼 것이 남과 다르다.

이러기에 승가풍은 입성부터가 단조로움도
비리를 엿보지 않음이니 공부를 짓기 위함이요,
먹성이 간략함도 음심淫心을 일으키지 않음이니
공부를 짓기 위함이요,
머무름이 고요로움도 자성自性을 어지럽히지 않음이니,
모두가 공부를 짓기 위하는 수단이요 방편이다.
까닭에 일상생활은 벌써 체계를 갖춘 도인의 풍도風度라 않겠는가!

거사풍은 그렇지가 않다.
가정을 가꾸는 시간과 공간에서

마음과 몸을 다스리는 시간과 공간을 짜내어야 한다.
사업을 가꾸는 견문見聞과 각지覺知에서
말씨와 거동을 다스리는 견문과 각지를 짜내어야 한다.
사회를 가꾸는 도의道義와 신념에서
목숨과 복록을 다스리는 도의와 신념을 짜내어야 한다.
문화를 가꾸는 윤리와 감정에서
이제와 나중을 다스리는 윤리와 감정을 짜내어야 한다.

바야흐로 돌이켜 보건대
무거운 업력業力으로 하여금 어지러운 세정世情 속에서
내일을 위하여 마음을 가다듬고,
인생의 원리와 누리의 본체本體를 캐어내는 방향으로
키를 바꿔 튼다는 사실은
입장과 조건에 따른 그 수단과 그 방편에서
비상한 각오와 노력이 있어야 할 것이다.

경우에 따라서는 승가풍 이상의 각오와 노력이 없어서는
한갓 벽에 그리어진 떡이나 마찬가지나
종요로이 큰 뜻을 세우는데 있어서만이
우리는 고苦에서 낙樂을 취함으로 말미암아 고를 여의되
마침내엔 낙도 여월 줄 알며,
악에서 선을 취함으로 말미암아 악을 여의되

마침내엔 선도 여읠 줄을 알며,
사邪에서 정正을 취함으로 말미암아 사를 여의되
마침내엔 정도 여읠 줄을 알며,
생사에서 열반涅槃을 취함으로 말미암아 생사를 여의되
마침내엔 열반도 여읠 줄을 안다.

때문에 구르고 굴리이는 온갖 차별현상은
그대로가 절대성의 굴림새로서인
상대성 놀이라는 사실을 깨쳐 알므로 하여금
법法을 따라 관찰하는 것으로서 수단과 방편을 삼는다.

무슨 까닭으로서이냐?
다시 말하자면 승가풍은 색상신色相身을 유지하는 데 있어서
먹고 입고 머무는 데 아무런 걸거침이 없을 뿐 아니라,
시공時空에도 쫓기지를 않는다.
다만 선지식善知識과의 인연만 닿으면
도를 이룰 길은 스스럼없이 트이게 마련이지마는,

거사풍은 입장이 다르다.
삶을 가꾸고 엮기 위하여는
오늘을 살면서 내일을 생각하고 동을 향하면서 서를 살피거든!
이에 소를 탈 때에 말을 타고 말을 탈 때에 소를 타는 줄도 안다.

실로 오관五官을 굴려서 오식五識을 세우나
청정본심淸淨本心은 조금도 움직이지 않음을 아는 까닭에,

일체법一切法을 그대로 굴리면서도
되돌아 일체법을 여의는 거사풍은,
현재의 사상事象만에 휘둘리는 중생풍衆生風과의
견줄 바는 물론 아니며
또한 일체법을 오로지 여의면서도 되돌아 일체법을 굴리는
승가풍의 수단과 방편에도 속하지 않는 것이다.

이렇듯이 중생풍은 상대성을 껴안고 상대성 자리만에 맴도는
동중동動中動인 중생풍이라 친다면,
거사풍은 상대성을 휘어잡고 절대성 자리로 되돌리는
동중정動中靜인 거사풍이라 하겠고,
승가풍은 절대성 자리에서 상대성을 굴리는
정중동精中動인 승가풍이라 하겠거늘,
여기서 어떻게 꼭 같은 풍광風光으로서인 수단이요 방편이겠는가?

우리는 비록 세전世典으로 더불으나 보리심을 내려고 애쓴 보람에,
공덕功德을 갖추기 위한 탓으로 무위無爲에 머물지 않고,
지혜를 갖추기 위한 탓으로 유위有爲에 다하지 않는 도리를 안다.
비록 범부凡夫는 아니나 범부법凡夫法을 뭉개지 않고

비록 성인은 아니나 성인법聖人法을 여의지 않고
능히 범성사凡聖事를 다룰 줄도 안다.

무슨 까닭으로서이냐?
우리는 하늘과 땅의 앞소식인 나이기 때문이며
밝음과 어둠의 앞소식인 나이기 때문이며
착함과 악함의 앞소식인 나이기 때문이다.

이러므로 우리는 때를 따라 연緣을 좇으면서
비록 상대적인 색상신色相身을 나투기는 하지마는
실實로 낳음은 낳음이 아닌 거짓 낳음이기에 죽음이 따르고
죽음은 죽음이 아닌 거짓 죽음이기에 낳음을 보이는 줄을 안다.

이 낳음과 죽음은
바로 거룩한 나의 권리 행사로서인 낳음이요 죽음이지,
절대로 어떠한 성신聖神의 각본에 따른 지음이 아니다.
만약 이 낳음과 죽음이 스스로가 스스로를 지어서
스스로가 스스로를 엮어가는 인생의 굴림새가 아니고
바로 남의 각본에 따라 지어진 것이라면
도대체 나라는 나는 무엇이겠는가?
주동主動이 아닌 피동被動이요, 자립自立이 아닌 타립他立이니
이것은 한낱 꼭두각시에 지나지 않는다는 말이 된다.

아니다!!

나는

색상신色相身으로서인 법성신法性身이요,

법성신으로서인 불괴신不壞身이요,

불괴신으로서인 무변신無邊身이요,

무변신으로서인 허공신虛空身이니

되돌아

유무有無를 여의었기 때문에 허공신이요,

시종始終을 여의었기 때문에 무변신이요,

생사生死를 여의었기 때문에 불괴신이요,

미오迷悟를 여의었기 때문에 법성신이요,

정염淨染을 여의었기 때문에 색상신이다.

이 색상신이 바로 나이면서

법성신의 여김을 바탕으로 나의 분별을 세우고

온갖 법을 굴리기는 하지만, 참으로 드높은 고개다.

이 고개는 승가풍으로서도 답파踏破하기 어렵다는

정평定評의 고지임에는 틀림없는 사실이니,

하물며 거사풍으로서이랴!

그러나 아무리 가정과 사회의 그물에 둘러싸인 거사풍일지라도

그 때와 그 곳에 맞추어서 무정법無定法인 수단과 방편을 세우고
숨을 거둘 때까지 노력을 아끼지 아니하면 되는 것이다.
왜냐면 나의 인생문제는 절대로 포기하지 못하기 때문이다.

우리는 인연 있는 이 땅에 몸 받은 것을 기뻐하고
이 기회를 통하여
인생문제를 풀어헤치는 데의 의무와 권리를 뼈저리게 느끼되
지난날을 돌아다보면서 때가 늦은 것을 탄식하는 것보다
죽어도 내가 죽고 살아도 내가 산다는 사실 앞에
거룩한 본래의 의무와 권리를 이에 발동發動하여야 할 것이다.

허공이 끝이 없다 하여서 어찌 남의 허공이며,
산하山河가 다함이 없다 하여서 어찌 남의 산하랴!
인연因緣이 비었다 하여서 어찌 남의 인연이며
과업果業이 허망하다 하여서 어찌 남의 과업이랴!

부모형제가 소중한 것도 오로지 나의 소중한 바이요,
국가민족이 소중한 것도 오로지 나의 소중한 바이니
모든 법연法緣을 얼싸안고
절대성絶對性인 대원경지大圓鏡智를 향하기 위한
거사풍을 세우는 바이다.

이렇듯이 우리는 거사풍을 드높여서
겁劫 밖의 인연이 있는 사람을 맞이하니,
인연이 있거든 오고 없거든 가거라.
그러나 인연은 인연이나 이름뿐인 인연이란 그 도리를 알거든
가다가 돌아오라!

이렇듯이 우리는 거사풍을 드높여서
생사에 두려움이 있는 사람을 맞이하니,
두려움이 있거든 오고 없거든 가거라.
그러나 두려움은 두려움이나 이름뿐인 두려움이란
그 도리를 알거든
가다가 돌아오라!

새말귀

공안公案을 화두話頭라고도 한다.
이 화두는 번뇌와 망상妄想을 걸러내는 체요,
사량思量과 분별을 가려내는 조리다.
화두는 빛깔色 · 소리聲 · 냄새香 · 맛味 · 닿질림觸과 요량法인
육적六賊의 침범을 막아내는 수단의 화살이면서,
아울러 것色 · 느낌受 · 새김想 · 거님行과 알이識인
오온五蘊의 난동亂動을 무찌르는 방편方便의 창끝이기도 하다.

생사生死문제를 다루기 위하여 도를 닦는 학인에게는
화두가 가장 훌륭한 수단이요, 방편임에 틀림없다.
왜냐하면 1,700공안인 화두가 다 제각기대로의 뜻길이 다를지라도
필경에는 '이 뭣꼬?'로 맺어지는 말귀로서
그 말귀 속에는 만고萬古의 비밀이 잠겨 있기 때문이다.

물론 눈앞에 비치는 한 포기의 풀잎이나,
귓가를 스치는 한 가닥의 소리에도
태고太古의 소식이 감돌지 않음이 아니지마는,
그러나 화두는 의심을 일으켜서 망상을 제거하고
되돌아 이미 일으킨 그 의심처處를 풀어 헤치기 위한
말귀라 하겠으니,

바로 허공을 찢어내는 소리라 하겠다.

까닭에 여기에 많은 견문見聞과 지식을 갖추어서
바로 의기가 충천하는 사람이 있다손 치더라도,
이 화두인 '이 뭣꼬?'를 깨뜨리지 못한다면
이것은 한 푼의 값어치도 안 되는 건지혜乾智慧인지라,
대사大事는 결정짓지 못하는 것이다.

참으로 삼계의 화택火宅을 벗어나기 위한 공부를 짓는 데에
염불 · 간경看經 · 기도 · 주송呪誦이 방편이기는 하나,
화두를 수단으로 삼는 선禪은 방편 중의 방편이라 하겠다.
그러나 이 방편인 선은
수단인 화두를 일념一念으로 순일純一하게 지닌다는 그 사실이,
지극히 엄숙하면서, 지극히 분명하고,
지극히 정묵적靜默的이면서, 지극히 독선적獨善的이다.
지극히 엄숙하기에 스승을 섬기고,
지극히 분명하기에 집을 뛰쳐 나고,
지극히 정묵적이기에 은정恩情을 끊고,
지극히 독선적이기에 세연世緣을 등지는 것이니,
내일의 대성大成을 위하여 돌진하는 승가풍僧家風의 모습이다.

속세와는 동떨어진 승가풍이니,

이를 가리켜 몰인간성沒人間性이요, 몰사회성沒社會性이라고
평評하는 사람도 있다.

은정을 끊음은 뒷날에 그 은정으로 하여금
한 가지로 보리도菩提道를 증득證得하기 위한 우선의 끊음이요,
세연을 등짐은 뒷날에 그 세연으로 더불어
같이 열반계涅槃界로 이끌기 위한 우선의 등짐이란
의취義趣를 모르기 때문이지만,
실로 화두를 순일하게 가지는 데는
혈연을 향하여 눈을 돌리고
세간을 향하여 귀를 기울일 틈도 없거니와
또한 있어서도 안 됨을 알 수가 있는 것이다.

거사풍居士風은 그렇지가 않다.
인간성이기 때문에 가정을 꾸미고
사회성이기 때문에 세간世間을 가꾼다.
가정을 꾸미기 때문에 오늘을 살면서 내일의 안정을 걱정하고,
세간을 가꾸기 때문에 오늘을 엮으면서
내일의 번영을 꾀하기 위해 시간을 쏟는다.

이러히 시간을 쏟기 때문에
아무리 생사의 뿌리를 캐어내는 좋은 수단이요

방편이라 할지라도

24시간 모두가 공부를 지을 수 있는 승가풍과는 달리

24시간 모두가 가정을 꾸미고 세간을 가꿔야만 하는

거사풍으로서는,

화두를 순일하게 지닌다는 것이 지극히 어렵다기보다

거의 불가능한 일이다.

이럴진댄 무엇보다도 시간적으로 용납이 안 된다.

하여서 생사문제의 해결을 포기함이 옳을까?

안될 말이다!

생사문제의 해결을 포기함이란 바로 인생을 포기함이니,

도대체가 인생이란 무엇이며 어떠한 존재인가?

천하의 양약도 내 몸에 해로우면 독약이요,

천하의 독약도 내 몸에 이로우면 양약이니,

화두도 이와 같아야

그 분수에 따른 복력福力과 신념, 지혜, 용기, 의단疑團과의

알맞은 조화가 이루어진다면

즐거운 열반락涅槃樂을 증득하는 양약良藥이 되려니와,

만약 분수대로인 조화를 이루지 못한다면

평생을 그르치는 독약밖에 안 될 것이니,

이에 독을 독으로 다스리듯이
운명적인 거사풍이라 한탄하지 말고,
이 시점에서 거성去聖의 혓바닥에서 튀쳐나온 화두는
도로 거성의 혓바닥을 향하여 되돌려 보내되,
이에 대치법代治法을 과감히 세워야 할 책임을 느껴야 한다,

무슨 뜻이냐?
사회문물의 발달에 따라 생활면의 각 분야는 분주하다.
이 분주한 생활선상에서 얽고 얽히인 인생인지라
화두를 순일하게 가질 수 없는 그 책임은 뉘라서 져야 하는가?
선지식이 져야 한다.
선지식이 지지 못한다면 뉘라서 져야 하는가?
부처님이 져야 한다.
부처님이 지지 못한다면 뉘라서 져야 하는가?
내가 져야 한다.
필경에는 내가 져야 하기 때문에
과감하게 대치법代治法을 세우는 것이다.

대치법이란 이렇다.
'연緣에 따르는 바깥 경계를 굴리고 또한 경계에 굴리이는 것은,
실로 나의 무상신無相身이 그 심기心機의 느낌대로
무정물無情物인 색상신色相身을 걷어잡고 행동으로 나툰다'는

도리를 깊이 인식하고,
'모습을 잘 굴리자'라는 말귀를 세워서 나아가자는 뜻이다.

거성去聖의 화두가 말귀이고 대치법도 말귀일진댄,
무엇이 다른가?
말귀는 말귀이나 말귀로서는 같지 않은 말귀이니
그 말귀를 굴리는데 따른 수단의 좌표座標가 다르고,
그 수단의 좌표가 다르기 때문에 방편의 초점도 다르기 마련이다.
무슨 까닭으로서이냐?
예를 들어서
만약 핸들을 돌리고 키를 트는 데도
잘 돌리고 잘 틀어야 할 것이니,
'모습을 잘 굴리자'라는 말귀와는 통하여서
그 실을 거둘 수가 있겠으나,
화두가 순일하여서는 또한 잘 안 될 것이다.

사리事理가 이러하니,
학인들은 거사풍이라는 사실을 바탕으로 하여서,
아침에는 '모습을 잘 굴리자'라는 뜻으로 세간에 뛰어들고,
낮에는 '모습을 잘 굴린다'라는 뜻으로 책임을 다하고,
저녁에는 '모습을 잘 굴렸나'라는 뜻으로 희열喜悅을 느끼고,

시간을 얻어서 앉을 때는
나는 '밝음도 아니요 어둠도 아닌非明非暗 바탕을 나투자'라는
여김으로
삼매三昧에 잠길 줄을 알면,
이에 따라 깨친 뒤의 수행도
또한 '모습을 잘 굴리자'라는 테두리를 벗어나지 않을 것이다.

물론 이와 같이 마음을 도사려 가다듬음이 쉬운 일은 아니다.
그러나 사리를 따져서 알아 믿으면 어려운 일도 아니다.
법은 본래로
쉽다는 생각이 생기기 때문에 어렵다는 생각도 생기는 것이요,
어렵다는 생각이 생기기 때문에 쉽다는 생각도 생기게 마련이다.

그러므로 하여서 법을 굴리려 할진댄
쉬운 것은 쉬운 대로, 어려운 것은 어려운 대로 되돌린다면,
필경에는 쉽지도 않기 때문에 어렵지도 않을 것이요,
어렵지도 않기 때문에 쉽지도 않을 것이니,
쉽고 어려움을 어디에서 찾으랴!

애오라지,
이 법은 깨친 앞이라 하여서 쉬운 것은 아니니,
깨친 뒤라 하여서 어려운 것도 아니요,

깨친 뒤라 하여서 쉬운 것이 아니니,
깨친 앞이라 하여서 어려운 것도 아니기에,

그만 그대로
'모습을 잘 굴리자'라는 말귀와
'바탕을 나투자'라는 말귀로 하여금
오전수행悟前修行 곧 '앞닦음'과
오후수행悟後修行 '뒤닦음'을 한 가지로 굴려가자는 것이다.
되돌아 보건대
이 대치법은 자타(自他)의 공덕을 이루는 수단도 되겠지마는
사회의 풍조를 다스리는 방편도 될 것이니
어찌 금상첨화(錦上添花)가 아니랴!

어즈버야, 이 도리는 화두가 아니면서 곧 화두요,
화두이면서 곧 화두가 아닌 '새말귀'라 이르겠으니,
바로 가리사家裡事를 안 놓치고 도중사途中事를 굴리며,
도중사를 굴리되 가리사를 안 놓치는 소식이라 하겠다.

이렇듯이 하나인 목적을 향하여 하나인 사명을 다하는 데도
그 수단과 그 방편이 그 때와 그 곳에 따라 달라지는 것이니,
그 이유는 무엇인가?
승가풍에서는 그 학인으로 하여금 슬기를 살피고

신념과 정진력을 참작하여서
화두를 주는 것이 상례다. 당연한 일이다.

하지마는 거사풍으로서의 대치법은,
첫째 설법을 통하여
일체 만법一切萬法인 상대성은
본래로 흘연독존屹然獨尊인 절대성의 굴림새라는 그 사실을
학인들에게 이론적으로 깨우치게 하고,
둘째 학인들은 반드시
무상법신無相法身이 유상색신有相色身을 굴린다는 그 사실을
실질적으로 파악한 다음에
새말귀를 지님이 규범적인 특징이라 하겠다.
저절로 그 수단과 그 방편은 동動과 정靜으로
승僧과 속俗으로 달라지게 마련이다.

그러나
동정의 앞소식이 하나요,
승속의 앞소식이 둘 아닌 바에야,
승가풍은 승가풍대로 좋은 승가풍이요,
거사풍은 거사풍 대로의 좋은 거사풍인 터이니,

다만 그 때를 알맞게 맞아들이고 그 곳을 알맞게 살피면

식識이 멸滅하고 정情이 절絶할새
진불眞佛이 현전顯前할 것이어늘,
무슨 일로 고금古今의 수단과 방편을 정법定法인양 여겨서
권權과 실實을 맞세우고, 진眞과 가假를 견주며
오늘의 불행을 탓하고 내일의 광명을 얻는 데 인색하랴!

거사풍인 학인들이여!
'모습을 잘 굴리자'라는 일념一念으로
무상신無相身임을 돈증頓證하면
만겁萬劫의 공덕장功德藏을 성취하리니,
그 때를 기다려 동해수東海水를 일구一口로 흡진吸盡하기 바란다.

부록: 예불송

1. 세 줄의 공덕 [自性 三歸依]
나의 바른 깨침을 드높입니다
나의 바른 슬기를 드높입니다
나의 바른 거님을 드높입니다

2. 네 가지 나의 소임
나의 색신은 모든 부처의 위의를 들내는 대행기관입니다
나의 색신은 모든 부처의 슬기를 세우는 대행기관입니다
나의 색신은 모든 부처의 솜씨를 굴리는 대행기관입니다
나의 색신은 모든 부처의 자비를 베푸는 대행기관입니다

3. 염불송
부처님 거울 속의 제자의 몸은
제자의 거울 속의 부처님에게
되돌아 귀의하는 이치를 알면
부처가 부처이름 밝히심이네

4. 십자송(十字頌)
온갖 중생은 본래로 부처러니
둘로 보아서 모습에 붙이이면 도깨비굴에 떨어진다

삼세로 낳고 꺼짐이라서 이 묘한 씀이러니
네 가지 갈래는 연을 따라 이뤄지네
다섯 쌓임이 어찌 해맑은 몸이 아니리요
육도만행도 문턱은 아니어늘
칠보의 보시는 그 이익이 많기는 하나
팔풍이 움직이지 아니해야 참으로 공덕이니라
누리의 영특스런 앎을 너는 의심치 말지니
시방의 숱한 세계는 마음가운데 밝더구나

一切衆生本來佛 일체중생본래불
二見着相落鬼窟 이견착상낙귀굴
三世出沒是妙用 삼세출몰시묘용
四種異類隨緣成 사종이류수연성
五蘊豈非淸淨身 오온기비청정신
六度萬行無關事 육도만행무관사
七寶布施其利多 칠보보시기리다
八風不動眞功德 팔풍부동진공덕
九霄靈知勿汝疑 구소영지물여의
十方沙界心中明 시방사계심중명

5. 십물계(十勿戒)

비록 마음과 몸을 빌었어도 본래의 드높은 자리임을 잊지 말라

비록 처자를 두었어도 쏠려봄에 떨어지지 말라

비록 가업을 이으나 삿된 이익을 탐하지 말라

비록 세상법으로 더불어도 큰 도를 버리지 말라

비록 천하에 노니나 법성품을 뭉개지 말라

비록 인연 일어남을 짝하나 악한 뿌리를 용납지 말라

비록 모습 없음을 마루하나 덕 심기를 게을리 말라

비록 삼매에 있으나 선의 새김을 세우지 말라

비록 지관을 즐기나 길이 사그라짐에 들지 말라

비록 낳고 죽음을 쓰나 더러운 거님을 하지 말라

雖藉心身勿忘本尊 수자심신물망본존

雖有妻子勿墮愛見 수유처자물타애견

雖承家業勿貪非利 수승가업물탐비리

雖與世典勿捨大道 수여세전물사대도

雖遊天下勿壞法性 수유천하물괴법성

雖伴緣起勿容惡根 수반연기물용악근

雖宗無相勿怠種德 수종무상물태종덕

雖在三昧勿立禪想 수재삼매물립선상

雖欣止觀勿入永滅 수흔지관물입영멸

雖用生死勿爲汚行 수용생사물위오행

6. 동업보살의 서원

우리는 옛적부터 비로자나 법신이나
변하는 모습 따라 뒤바뀌는 여김으로
갈팡질팡 생사해에 뜨잠기는 중생이니
좋은 인연 그늘 밑에 동업보살 되고 지고
괴로운 첫울음은 인생살이 시작이요
서글픈 끝놀람은 이 세상을 등짐이니
들뜬 마음 가라앉혀 보리도를 밝혀내고
부처땅에 들어가는 동업보살 되고지고

7. 마하반야바라밀다심경 관자재보살은 깊이 반야바라밀다를 행
할 때 다섯 쌓임이 모두 비었음을 비추어 보고 온갖 괴로움과 재
앙을 건졌느니라. 사리자여 것은 빔과 다르지 않고 빔은 것과 다
르지 않으므로 것이 곧 빔이요 빔이 곧 것이니 느낌 새김 거님과
알이도 또한 다시 이러니라.
사리자여 이 모든 줄의 빈 모습은 생김도 아니고 꺼짐도 아니며 더
러움도 아니고 깨끗함도 아니며 더함도 아니고 덜함도 아니니라.
이런고로 빈 가운데는 것이 없으며 느낌 새김 거님과 알이도 없
으며 눈 귀 코 혀 몸과 뜻도 없으며 빛깔 소리 냄새 맛 닿질림과
요량도 없으며 보임도 없고 나아가 알리임도 없으며 안밝음도
없고 또한 안밝음의 가뭇도 없으며 나아가 늙고 죽음도 없고 또
한 늙고 죽음의 가뭇도 없으며 괴로움 모임 꺼짐과 수도 없으며

철도 없고 또한 얼음도 없느니라.

얻을 바가 없음으로써 보살도를 닦는 이는 반야바라밀다를 밝힘으로써 마음에 걸림이 없고 걸림이 없으므로 두려움이 없기에 뒤바뀐 헛된 생각을 멀리 여의어서 마지막으로 열반에 들어가나니 과거 현재 미래의 모든 부처도 이 반야바라밀다를 밝힘으로써 무상 정등 정각을 얻느니라.

알지어다 반야바라밀다는 가장 놀라운 주문이요 가장 밝은 주문이요 가장 높은 주문이요 무엇과도 견줄 수 없는 주문으로 능히 온갖 괴로움을 없애니 진실하여 허망하지 않은지라 이에 반야바라밀다의 주문을 설하여 가로되

아제 아제 바라아제 바라승아제 모디 사바하 (삼창)

8. 원을 세우는 말귀

원을 크게 세웁니다 (삼창)

비로자나 자성불이 노사나 수용불로

이름 세워 나투신 삼계도사 석가모니불과

무루지혜 유마거사를 정법으로 받드옵고

마음속에 깊이 새겨 지극정진 하오리다

좋은 나라 세우시는 아미타불

널리 사랑 하옵시는 관세음보살

삼도지옥 여의시는 대세지보살

묘한 솜씨 펴옵시는 문수보살

덕과 목숨 이으시는 보현보살
선정해탈 하옵시는 지장보살
다음 오실 교주이신 미륵보살
제불보살 마하살은 이 내몸의 참면목을
하루 속히 되밝혀서 견성성도 하게스리
가피력을 베푸소서 (삼창)

9. 누리의 주인공
해말쑥한 성품 중에 산하대지 이루우고
또한 몸도 나투어서 울고 웃고 가노매라
당장의 마음이라 하늘땅의 임자인 걸
멍청한 사람들은 몸 밖에서 찾는고야

10. 보림삼강(寶林三綱)
우리는 불도를 바탕으로 인생의 존엄성을 선양한다
우리는 삼계의 주인공임을 자부하고 만법을 굴린다
우리는 대승의 범부는 될지언정
소승의 성과는 탐하지 않는다

11. 네 가지 큰 다짐
가없는 중생을 기어이 건지리다
끝없는 번뇌를 기어이 끊으리다

한없는 법문을 기어이 배우리다
위없는 불도를 기어이 이루리다